Comment Booster votre Rentabilité Locative sur Airbnb !

Guide complet « étape par étape » pour maximiser vos revenus en location courte durée

Edouard BRETON

« Le Code de la propriété intellectuelle et artistique n'autorisant, aux termes des alinéas 2 et 3 de l'article L.122-5, d'une part, que les « copies ou reproductions strictement réservées à l'usage privé du copiste et non destinées à une utilisation collective » et, d'autre part, que les analyses et les courtes citations dans un but d'exemple et d'illustration, « toute représentation ou reproduction intégrale, ou partielle, faite sans le consentement de l'auteur ou de ses ayants droit ou ayants cause, est illicite » (alinéa 1er de l'article L. 122-4). Cette représentation ou reproduction, par quelque procédé que ce soit, constituerait donc une contrefaçon sanctionnée par les articles 425 et suivants du Code pénal. »

Copyright © 2023 BRETON
Editeur : BRETON
45000 Orléans, France

Tous droits réservés. Reproduction, même partielle, interdite.

ISBN : 979-8-8576-3203-1

Imprimé à la demande par Amazon
Dépôt légal : Août 2023

INTRODUCTION 6

Présentation du livre et de son objectif : aider les investisseurs à maximiser la rentabilité de leurs investissements immobiliers locatifs grâce à Airbnb   7

L'Importance Croissante de la Location sur Airbnb dans le Secteur Immobilier 10

Avantages et des Défis de l'Investissement Locatif sur Airbnb   12

CHAPITRE 1 : COMPRENDRE LE MARCHE AIRBNB 15

Analyse Approfondie d'Airbnb : Fonctionnement, Audience et Tendances   15

Statistiques Clés sur la Croissance du Marché de la Location de Courte Durée 17

Identification des Facteurs qui Influencent la Demande des Voyageurs   19

CHAPITRE 2 : SELECTIONNER LE BON BIEN IMMOBILIER 23

Stratégies de Sélection de Biens Immobiliers pour la Location sur Airbnb   23

Utilisation d'AirDNA dans la Recherche et l'Analyse de Biens   26

Gestion des Coûts d'Achat et de Rénovation pour Optimiser la Rentabilité   29

CHAPITRE 3 : AMENAGEMENT ET DESIGN INTERIEUR 33

Importance de la Mise en Valeur Visuelle pour Attirer les Voyageurs   33

Conseils pour Aménager et Décorer l'Espace en Fonction des Attentes des Locataires Airbnb   36

Utilisation de Photographies de Haute Qualité pour Stimuler les Réservations 39

CHAPITRE 4 : TARIFICATION ET STRATEGIES 44

Méthodes de Tarification Dynamique pour Maximiser les Revenus   44

Utilisation d'Outils et de Logiciels pour Ajuster Automatiquement les Prix   47

Utilisation de PriceLabs dans l'Optimisation Tarifaire   50

Gestion des Tarifs pour Favoriser la Réservation à l'Avance et Éviter la Sous-Occupation   53

CHAPITRE 5 : EXPERIENCE CLIENT EXCEPTIONNELLE   57

Création d'une Expérience Mémorable dès l'Arrivée des Voyageurs   57

Offrir des Services Supplémentaires pour une Expérience Exceptionnelle   60

Gestion des Commentaires et des Évaluations pour une Réputation Positive   63

CHAPITRE 6 : OPTIMISATION DES OPERATIONS DE GESTION   68

Automatisation des Tâches Opérationnelles pour Gagner du Temps et Réduire vos Efforts   68

Automatisation du Check-in avec le Système Igloohome   71

Engagement de Services de Nettoyage Professionnels et de Maintenance pour Garantir la Satisfaction des Clients   75

Gestion des Réservations, des Calendriers et de la Communication avec les Locataires   79

CHAPITRE 7 : ÉVITER LES PIEGES ET SURMONTER LES DEFIS   83

Identification des Problèmes Potentiels liés à la Location sur Airbnb et Conseils pour les Éviter   83

Gestion des Annulations, des Conflits Potentiels avec les Voisins et d'Autres Situations Délicates   86

Stratégies pour Faire Face aux Fluctuations de la Demande et aux Imprévus   90

CHAPITRE 8 : ÉVOLUER ET SE DEMARQUER — 93

Exploration des Moyens d'Élargir Votre Portefeuille de Locations sur Airbnb — 93

Investissement dans des Propriétés Supplémentaires et Gestion de Plusieurs Annonces — 96

Utilisation de Stratégies de Marketing Avancées pour se Démarquer dans un Marché Concurrentiel — 100

CONCLUSION — 104

Récapitulatif des principaux points abordés dans le livre. — 104

Mettre en pratique les conseils pour booster la rentabilité locative avec Airbnb. — 105

Perspective sur l'avenir de l'investissement immobilier locatif et de la location sur Airbnb. — 107

RESSOURCES COMPLEMENTAIRES — 109

Ressources en Ligne, Outils et Services — 109

Introduction

Bienvenue dans ce guide complet intitulé "Comment Booster Votre Rentabilité Locative avec Airbnb !". Si vous êtes un investisseur ambitieux à la recherche d'opportunités lucratives dans le domaine de l'immobilier, ce guide est conçu pour vous offrir un voyage captivant à travers le monde passionnant de l'investissement locatif sur la plateforme Airbnb.

De nos jours, la location sur Airbnb est bien plus qu'une simple alternative à l'hôtellerie traditionnelle. Elle offre aux investisseurs la possibilité de maximiser leurs rendements tout en offrant aux voyageurs des expériences uniques et authentiques. Cependant, réussir dans ce secteur exige bien plus que la simple inscription de votre propriété en ligne. C'est là que ce guide entre en jeu.

Ce guide a été élaboré avec une intention claire : vous fournir les connaissances, les stratégies et les outils dont vous avez besoin pour prospérer en tant qu'investisseur Airbnb averti. Des bases fondamentales aux stratégies avancées, chaque chapitre explore les aspects clés de cet investissement lucratif. Vous découvrirez comment sélectionner les biens les plus rentables, optimiser vos tarifs pour maximiser les revenus, offrir des expériences mémorables aux voyageurs, naviguer dans les réglementations complexes et bien plus encore.

Que vous soyez nouveau dans le domaine de l'investissement immobilier ou que vous cherchiez à augmenter la rentabilité de vos propriétés existantes, ce guide vous guidera pas à pas. Préparez-vous à acquérir des compétences essentielles, à découvrir des astuces pratiques et à explorer des stratégies innovantes qui vous permettront de réussir sur la scène compétitive de la location sur Airbnb.

Alors, que vous soyez motivé par l'opportunité de générer des revenus passifs, d'étendre votre portefeuille immobilier ou de créer des expériences exceptionnelles pour les voyageurs, ce guide est votre compagnon fidèle pour vous guider vers le succès dans le monde fascinant de l'investissement locatif sur Airbnb. Préparez-vous à plonger dans un voyage enrichissant et à découvrir tout ce que ce guide a à offrir !

Présentation du livre et de son objectif : aider les investisseurs à maximiser la rentabilité de leurs investissements immobiliers locatifs grâce à Airbnb

Dans le paysage immobilier en constante évolution, la location de courte durée sur des plateformes comme Airbnb a radicalement transformé la manière dont les investisseurs abordent la gestion de leurs biens. Ce chapitre inaugure notre exploration en profondeur de la manière dont les investisseurs peuvent non seulement s'adapter, mais prospérer dans cet environnement dynamique.

Le potentiel de la location sur Airbnb

L'ère numérique a ouvert de nouvelles opportunités pour les investisseurs immobiliers. La location sur Airbnb permet aux propriétaires de bénéficier d'un flux de revenus considérablement supérieur à celui offert par la location traditionnelle à long terme. En s'appuyant sur la flexibilité de cette plateforme, les investisseurs peuvent tirer parti des fluctuations saisonnières et des événements locaux pour optimiser leurs rendements.

Objectif du livre

Le cœur de ce livre réside dans la volonté de guider les investisseurs, qu'ils soient novices ou expérimentés, à travers les étapes essentielles pour tirer le meilleur parti de leurs investissements immobiliers locatifs via Airbnb. Nous nous engageons à fournir des informations détaillées, des stratégies éprouvées et des astuces pratiques pour :

1. **Comprendre le fonctionnement d'Airbnb** : Nous décomposerons le mécanisme qui sous-tend Airbnb, en expliquant comment la plateforme fonctionne du point de vue des locataires et des hôtes. Cette compréhension fondamentale jettera les bases pour maximiser la rentabilité.

2. **Optimiser la sélection de biens immobiliers** : Nous mettrons en lumière les caractéristiques clés à rechercher lors de l'acquisition d'une propriété destinée à la location sur Airbnb. Nous discuterons également des facteurs locaux qui peuvent influencer la demande des voyageurs.

3. **Créer une expérience client exceptionnelle** : L'importance d'impressionner les locataires ne peut être sous-estimée. Nous

partagerons des conseils pour aménager et décorer vos biens, ainsi que pour offrir des services supplémentaires qui feront en sorte que les locataires reviennent.

4. **Mettre en place des stratégies de tarification intelligentes** : Nous explorerons les méthodes pour établir des tarifs compétitifs tout en maximisant les revenus. Vous apprendrez comment ajuster vos prix en fonction de la demande, des saisons et des événements locaux.

5. **Gérer efficacement vos opérations** : De la gestion des réservations à la communication avec les locataires, nous vous montrerons comment automatiser certaines tâches pour gagner du temps tout en maintenant une haute qualité de service.

6. **Éviter les pièges et surmonter les défis** : La gestion de biens locatifs sur Airbnb n'est pas sans obstacles. Nous aborderons les problèmes potentiels et vous guiderons sur la manière de les gérer avec succès.

En somme, ce chapitre jettera les bases en introduisant non seulement le livre, mais aussi en présentant de manière approfondie les domaines clés que nous explorerons pour vous aider à transformer vos investissements immobiliers en une source de revenus durable et rentable grâce à la location sur Airbnb.

L'Importance Croissante de la Location sur Airbnb dans le Secteur Immobilier

Le paysage immobilier a subi une révolution ces dernières années avec l'émergence de la location sur Airbnb. Ce chapitre explore l'essor phénoménal de cette tendance et met en évidence son impact transformateur sur le secteur immobilier.

Le Changement de Paradigme dans la Location Immobilière

La location traditionnelle à long terme était autrefois la norme dans l'investissement immobilier. Cependant, l'avènement de la location sur Airbnb a apporté un changement radical à cette dynamique. Les voyageurs recherchent désormais des expériences plus authentiques et personnalisées lors de leurs séjours, créant ainsi une demande croissante pour des locations de courte durée.

Évolution des Attentes des Voyageurs

Les voyageurs modernes recherchent plus que de simples hébergements : ils veulent vivre comme les locaux et explorer les quartiers de manière immersive. La location sur Airbnb répond à cette tendance en offrant des biens uniques et bien situés qui permettent aux voyageurs de se plonger dans la culture locale. Cette évolution a conduit à une demande accrue pour des locations temporaires et a généré de nouvelles opportunités pour les investisseurs immobiliers.

Rentabilité Supérieure

L'une des raisons les plus convaincantes pour les investisseurs de se tourner vers la location sur Airbnb est la rentabilité potentielle significativement supérieure à celle de la location traditionnelle. Grâce à la possibilité d'ajuster les tarifs en fonction de la demande et des saisons, les investisseurs peuvent capitaliser sur les périodes de forte demande en augmentant les prix, tout en attirant des voyageurs à la recherche de bonnes affaires pendant les périodes creuses.

L'Économie de Partage et la Confiance

La réussite de la location sur Airbnb repose sur l'économie de partage et la confiance entre les hôtes et les voyageurs. Les avis et les évaluations jouent un rôle central dans la prise de décision des voyageurs, encourageant les hôtes à offrir des expériences de qualité supérieure. Cette confiance mutuelle a stimulé la croissance de la location sur Airbnb et a également influencé la manière dont les investisseurs abordent la gestion de leurs biens.

Transformation de la Gestion Immobilière

La location sur Airbnb a également transformé la gestion immobilière. Les investisseurs doivent désormais se concentrer sur des aspects tels que l'aménagement, la décoration et la communication avec les locataires pour offrir une expérience exceptionnelle. Cela a conduit à une nouvelle ère de créativité et d'innovation dans la gestion des biens immobiliers.

Ce chapitre a mis en évidence l'importance croissante de la location sur Airbnb dans le secteur immobilier. De l'évolution des attentes des voyageurs à la rentabilité supérieure offerte par ce modèle, il est clair que cette tendance a profondément impacté la manière dont les investisseurs abordent leurs biens immobiliers. La prochaine étape de ce livre consistera à explorer en détail les stratégies et les astuces pour tirer pleinement parti de cette nouvelle ère de l'investissement locatif grâce à Airbnb.

Avantages et des Défis de l'Investissement Locatif sur Airbnb

L'investissement locatif sur Airbnb offre des avantages uniques qui ont attiré l'attention des investisseurs du monde entier. Cependant, il est important de comprendre que ce modèle n'est pas exempt de défis. Ce chapitre explore en détail les avantages attrayants ainsi que les défis potentiels auxquels les investisseurs peuvent être confrontés lorsqu'ils optent pour la location sur Airbnb.

Les Avantages de l'Investissement Locatif sur Airbnb

1. **Rentabilité Potentielle Élevée** : L'un des principaux avantages de la location sur Airbnb réside dans la possibilité de générer des revenus plus élevés par rapport à la location traditionnelle à long terme. Les tarifs flexibles et les périodes de forte demande permettent aux investisseurs de maximiser leurs rendements.

2. **Flexibilité pour l'Hôte** : L'investissement sur Airbnb offre aux propriétaires une flexibilité considérable. Ils peuvent choisir quand mettre leur bien à disposition et le retirer du marché en fonction de leurs préférences et de la demande.

3. **Diversification des Sources de Revenus** : La location sur Airbnb permet aux investisseurs de diversifier leurs sources de revenus. En ayant plusieurs biens sur la plateforme, ils peuvent répartir les risques et minimiser l'impact des fluctuations de la demande.

4. **Opportunité d'Améliorer et de Personnaliser** : Les investisseurs ont l'opportunité d'apporter des améliorations et des personnalisations à leurs biens pour attirer davantage de voyageurs. Cela peut créer une expérience unique et mémorable pour les locataires.

5. **Accès à une Base de Voyageurs Mondiale** : La plateforme Airbnb offre un accès à une vaste base de voyageurs du monde entier. Cela permet aux investisseurs d'attirer des clients internationaux et de tirer parti des événements locaux et des saisons.

Les Défis de l'Investissement Locatif sur Airbnb

1. **Gestion Intensive** : La location sur Airbnb exige une gestion plus active que la location traditionnelle. Les investisseurs doivent gérer les réservations, l'entretien et la communication avec les locataires, ce qui peut être chronophage.

2. **Fluctuations de la Demande** : La demande sur Airbnb peut varier considérablement en fonction des saisons, des événements locaux et des conditions économiques. Les investisseurs doivent être prêts à faire face aux périodes de basse occupation.

3. **Risques Légaux et Réglementaires** : Les réglementations locales concernant la location à court terme peuvent varier et changer rapidement. Les investisseurs doivent être conscients des lois et des autorisations nécessaires pour éviter des problèmes juridiques.

4. **Concurrence Accrue** : La popularité croissante de la location sur Airbnb a conduit à une concurrence plus intense. Les investisseurs doivent être prêts à se démarquer par des stratégies de tarification, des aménagements uniques et un excellent service client.

5. **Usure et Entretien** : La fréquence des changements de locataires peut entraîner une usure plus rapide des biens. Les investisseurs doivent budgétiser pour l'entretien régulier et les réparations.

Ce chapitre a souligné à la fois les avantages attrayants et les défis réels auxquels les investisseurs peuvent être confrontés lorsqu'ils choisissent d'investir dans la location sur Airbnb. En comprenant ces aspects, les investisseurs seront mieux préparés à prendre des décisions éclairées et à mettre en place des stratégies pour maximiser les avantages tout en minimisant les défis potentiels.

Chapitre 1 : Comprendre le marché Airbnb

Analyse Approfondie d'Airbnb : Fonctionnement, Audience et Tendances

Pour réussir dans l'investissement locatif sur Airbnb, il est crucial de comprendre en profondeur la plateforme elle-même. Ce chapitre plonge dans les détails du fonctionnement d'Airbnb, de son public cible et des tendances qui façonnent l'industrie de la location à court terme.

<u>Fonctionnement d'Airbnb</u>

1. **Création de Profils** : Les hôtes et les voyageurs créent des profils sur Airbnb. Les hôtes présentent leurs biens avec des descriptions, des photographies et des détails sur les équipements.

2. **Recherches et Réservations** : Les voyageurs peuvent rechercher des biens en fonction de leurs dates, de leurs préférences et de leurs budgets. Une fois qu'ils trouvent une annonce qui leur convient, ils peuvent réserver en utilisant la plateforme.

3. **Communication Directe** : Airbnb offre une plateforme pour la communication directe entre les hôtes et les voyageurs. Cela permet de répondre aux questions, de discuter des détails et de garantir une expérience fluide.

4. **Évaluations et Commentaires** : Après chaque séjour, les voyageurs peuvent laisser des avis et des commentaires sur l'hôte et la propriété. Cela favorise la transparence et aide d'autres voyageurs à prendre des décisions éclairées.

Audience d'Airbnb

1. **Voyageurs Individuels et Groupes** : Airbnb attire une grande variété de voyageurs, des individus en quête d'expériences uniques aux groupes d'amis ou de familles cherchant un espace confortable.

2. **Voyageurs d'Affaires** : De plus en plus de voyageurs d'affaires utilisent Airbnb pour des séjours plus longs ou des alternatives aux hôtels traditionnels.

3. **Touristes Locaux et Internationaux** : Airbnb attire des voyageurs locaux à la recherche d'escapades près de chez eux, ainsi que des voyageurs internationaux qui veulent vivre une expérience authentique.

Tendances dans l'Industrie de la Location à Court Terme

1. **Expérience Locale** : Les voyageurs recherchent des expériences authentiques, ce qui a conduit les hôtes à offrir des recommandations locales, des guides personnalisés et des activités uniques.

2. **Durée de Séjour Variable** : Les séjours ne se limitent plus aux séjours de courte durée. Les voyageurs réservent des séjours plus longs

pour profiter pleinement de l'endroit où ils séjournent.

3. Évolution de la Demande : Les événements locaux, les saisons touristiques et les tendances sociétales peuvent influencer la demande de manière significative, ce qui nécessite une flexibilité dans la tarification et la gestion.

4. Professionnalisation des Hôtes : De plus en plus d'hôtes adoptent une approche professionnelle pour gérer leurs biens, offrant des normes de service élevées pour se démarquer dans un marché concurrentiel.

Ce chapitre a plongé dans les mécanismes fondamentaux d'Airbnb, en détaillant son fonctionnement, son public et les tendances clés dans le secteur de la location à court terme. Une compréhension approfondie de ces aspects est essentielle pour que les investisseurs puissent prendre des décisions éclairées et prospérer dans l'environnement dynamique de la location sur Airbnb.

Statistiques Clés sur la Croissance du Marché de la Location de Courte Durée

Pour comprendre pleinement l'ampleur et l'opportunité du marché de la location de courte durée, il est essentiel de se pencher sur les statistiques clés qui témoignent de sa croissance explosive ces dernières années. Ce chapitre vous plongera dans les chiffres et les tendances qui ont transformé la location sur des plateformes comme Airbnb en un secteur incontournable de l'industrie touristique et immobilière.

Expansion Rapide

Le marché de la location de courte durée a connu une croissance phénoménale ces dernières années. Selon les données de l'Organisation mondiale du tourisme (OMT), le nombre de voyages internationaux a doublé au cours des deux dernières décennies, atteignant plus d'un milliard de voyages en 2019. Cette croissance constante du tourisme international a stimulé la demande de logements alternatifs, propulsant ainsi la popularité des plateformes de location de courte durée comme Airbnb.

Impact Économique

L'essor de la location de courte durée a également eu un impact significatif sur l'économie mondiale. Selon une étude réalisée par Airbnb, les hôtes ont généré plus de 65 milliards de dollars de revenus cumulés dans le monde entier en 2019. Ce chiffre éloquent souligne l'importance croissante de la location sur Airbnb en tant que moteur économique pour les hôtes et les communautés locales.

Élargissement de la Demande

Les voyageurs d'aujourd'hui recherchent des expériences authentiques et personnalisées, ce qui a propulsé la popularité de la location de courte durée. Selon les données internes d'Airbnb, plus de 90% des voyageurs considèrent que l'authenticité est un facteur crucial lorsqu'ils choisissent un logement. Cette tendance a entraîné une demande croissante pour des hébergements uniques et locaux, créant ainsi une opportunité pour les investisseurs immobiliers.

Impact sur le Secteur Hôtelier

La montée en puissance de la location de courte durée a également eu un impact sur l'industrie hôtelière traditionnelle. Les hôtels sont de plus en plus en concurrence avec les locations sur Airbnb pour attirer les voyageurs, en particulier ceux qui recherchent une expérience plus intime et personnalisée. Cette concurrence a encouragé les hôtels à réinventer leurs offres et à améliorer leur qualité de service pour rester compétitifs.

Les statistiques clés sur la croissance du marché de la location de courte durée ne laissent aucun doute sur l'importance croissante de cette industrie. La demande des voyageurs pour des expériences authentiques et personnalisées, associée à la montée en puissance des plateformes de location comme Airbnb, a transformé la façon dont les gens voyagent et séjournent. Pour les investisseurs immobiliers, ces chiffres témoignent de l'énorme potentiel de rentabilité et d'opportunité offert par le marché en constante évolution de la location de courte durée.

Identification des Facteurs qui Influencent la Demande des Voyageurs

Comprendre les facteurs qui motivent la demande des voyageurs sur Airbnb est essentiel pour ajuster votre approche en tant qu'investisseur. Ce chapitre se penche sur les éléments clés qui influencent les choix des voyageurs et explique comment les utiliser à votre avantage pour maximiser la rentabilité de vos biens immobiliers.

Facteurs Géographiques et Emplacement

1. **Proximité des Attractions** : La proximité des attractions touristiques majeures, des monuments, des plages ou des centres-villes peut influencer considérablement la demande.

2. **Accessibilité** : Les biens bien desservis par les transports en commun ou proches des aéroports peuvent être particulièrement attractifs pour les voyageurs.

3. **Quartiers en Vogue** : Certains quartiers sont devenus des destinations à la mode, attirant des voyageurs à la recherche de l'expérience authentique qu'ils offrent.

Événements Locaux et Saisons

1. **Événements Spéciaux** : Les événements locaux tels que des festivals, des conférences ou des expositions peuvent provoquer des pics de demande.

2. **Saisons Touristiques** : Les saisons hautes et basses jouent un rôle majeur dans la demande. Les biens adaptés aux activités saisonnières peuvent bénéficier de la fluctuation de la demande.

Demande de Type de Bien et de Confort

1. **Types de Biens** : Les voyageurs ont des préférences variées, de l'appartement en centre-ville à la maison de vacances isolée. Offrir une diversité de types de biens peut attirer différents segments de voyageurs.

2. **Confort et Équipements** : Des équipements comme une cuisine bien équipée, une connexion Wi-Fi rapide et des espaces de vie confortables peuvent influencer positivement la demande.

Expérience Locale et Recommandations

1. **Recommandations d'Hôtes** : Les recommandations personnalisées d'hôtes concernant les meilleurs restaurants, sites touristiques et activités locales peuvent fortement influencer les décisions des voyageurs.

2. **Guides Locaux** : Offrir aux voyageurs des guides locaux et des conseils d'initiés peut créer une expérience plus immersive, ce qui augmente la valeur perçue de votre bien.

Stratégies de Tarification Dynamique

1. **Tarifs en Fonction de la Demande** : Ajuster les tarifs en fonction de la demande saisonnière, des événements locaux et des tendances de réservation peut stimuler les revenus.

2. **Promotions Spéciales** : Offrir des promotions spéciales pour les séjours de plus longue durée ou pour les réservations anticipées peut inciter davantage de voyageurs à réserver.

Ce chapitre a exploré les nombreux facteurs qui influencent la demande des voyageurs sur Airbnb. En comprenant ces éléments, les investisseurs peuvent affiner leur stratégie pour répondre aux besoins et aux attentes des voyageurs, maximisant ainsi la rentabilité de leurs biens immobiliers locatifs. La prochaine étape consistera à appliquer ces connaissances pour attirer un public diversifié et captiver leur intérêt.

Chapitre 2 : Sélectionner le bon bien immobilier

Stratégies de Sélection de Biens Immobiliers pour la Location sur Airbnb

Le choix du bon bien immobilier est une étape cruciale pour réussir dans l'investissement locatif sur Airbnb. Ce chapitre détaille les stratégies essentielles pour sélectionner des biens immobiliers qui maximiseront votre rentabilité et attireront les voyageurs sur la plateforme.

Analyse de l'Emplacement et de la Demande Locale

1. **Étude du Quartier** : Analysez les quartiers populaires, en tenant compte de la sécurité, de la proximité des attractions et des commodités locales.

2. **Recherche de Tendances** : Identifiez les quartiers en croissance, les quartiers à la mode et les zones où la demande de location sur Airbnb est élevée.

3. **Proximité des Transports** : Privilégiez les biens proches des transports en commun, des arrêts de bus ou des stations de métro pour faciliter l'accès aux voyageurs.

Sélection en Fonction du Type de Biens

1. **Appartements et Maisons** : Évaluez les avantages et les inconvénients des appartements et des maisons en fonction des préférences des voyageurs et de la demande locale.

2. **Taille et Configuration** : Considérez les biens avec des configurations flexibles, adaptées aux voyageurs individuels, aux familles ou aux groupes d'amis.

3. **Caractéristiques Spéciales** : Recherchez des biens avec des caractéristiques uniques comme une terrasse, un balcon, une piscine ou une vue panoramique.

Prise en Compte des Commodités et des Équipements

1. **Cuisine et Buanderie** : Une cuisine bien équipée et une buanderie sont des commodités recherchées, offrant aux voyageurs un confort supplémentaire.

2. **Wi-Fi et Connectivité** : Assurez-vous que le bien dispose d'une connexion Wi-Fi rapide et stable, un critère essentiel pour de nombreux voyageurs.

3. **Espaces de Vie** : Des espaces de vie confortables et bien aménagés sont essentiels pour créer une expérience agréable pour les voyageurs.

Adaptation aux Demandes Locales et Saisonnalité

1. **Conformité aux Règlements** : Familiarisez-vous avec les réglementations locales concernant la location à court terme pour éviter des problèmes juridiques.

2. **Saisonnalité et Événements** : Sélectionnez des biens qui peuvent tirer parti des saisons touristiques et des événements locaux pour maximiser la demande.

3. **Flexibilité de la Tarification** : Choisissez des biens pour lesquels vous pouvez ajuster les tarifs en fonction des fluctuations de la demande.

Évaluation des Coûts et du Potentiel de Rendement

1. **Coûts d'Achat et de Rénovation** : Calculez les coûts d'achat et de rénovation pour vous assurer que votre investissement est rentable à long terme.

2. **Recherche de Rendement** : Analysez le potentiel de rendement en fonction des prix actuels du marché et des tarifs de location sur Airbnb.

3. **Comparaison avec la Concurrence** : Étudiez les annonces similaires dans la région pour évaluer la compétitivité de votre bien et ajuster votre stratégie en conséquence.

En comprenant les éléments clés à considérer, les investisseurs peuvent prendre des décisions éclairées pour investir dans des biens qui répondent aux besoins des voyageurs, tout en maximisant la rentabilité de leurs investissements immobiliers locatifs. La prochaine étape sera de mettre en œuvre ces stratégies lors de la recherche et de l'acquisition de biens pour la location sur Airbnb.- Analyse des caractéristiques géographiques, de l'emplacement et des commodités environnantes.

Utilisation d'AirDNA dans la Recherche et l'Analyse de Biens

AirDNA est une plateforme puissante qui fournit des données et des analyses approfondies sur le marché de la location sur Airbnb. Son utilisation dans la recherche et l'analyse de biens pour la mise en location sur Airbnb peut grandement aider les investisseurs à prendre des décisions éclairées et à maximiser leur rentabilité. Voici comment utiliser AirDNA efficacement :

Étape 1 : Inscription et Configuration

1. **Inscription sur AirDNA** : Créez un compte sur la plateforme AirDNA pour accéder à ses fonctionnalités. Certaines parties du site peuvent nécessiter un abonnement payant, alors choisissez le plan qui correspond à vos besoins.

2. **Paramètres de Recherche** : Configurez vos paramètres de recherche en spécifiant la ville, le quartier ou la zone géographique que

vous souhaitez analyser. Vous pouvez également filtrer par type de bien, nombre de chambres, etc.

Étape 2 : Collecte de Données

1. **Données sur les Biens** : AirDNA fournit des informations sur les biens répertoriés sur Airbnb, y compris le nombre de biens disponibles, les tarifs moyens, les taux d'occupation, etc.

2. **Historique des Tarifs et de la Demande** : Obtenez un aperçu de l'historique des tarifs et de la demande pour différentes périodes, ce qui peut vous aider à anticiper les fluctuations saisonnières.

Étape 3 : Analyse et Interprétation

1. **Analyse de la Demande** : Examinez les taux d'occupation et les tendances de réservation pour comprendre la demande dans la région. Cela vous aidera à planifier vos tarifs en fonction de la demande prévue.

2. **Évaluation de la Tarification** : Utilisez les données sur les tarifs moyens pour évaluer la compétitivité de votre bien. Vous pouvez ajuster vos tarifs en fonction de la saison et des événements locaux.

3. **Étude de la Concurrence** : Analysez les biens similaires dans la région pour comprendre comment vous pouvez vous démarquer.

Identifiez les caractéristiques uniques qui attirent les voyageurs.

Étape 4 : Prise de Décision et Planification

1. **Évaluation du Rendement** : En utilisant les données sur les tarifs moyens et les taux d'occupation, calculez le potentiel de rendement de votre bien. Comparez-le avec vos coûts d'achat et de gestion.

2. **Planification de la Gestion** : Les données d'AirDNA peuvent vous aider à prévoir les périodes de haute et de basse demande, ce qui peut influencer la gestion de votre bien et vos opérations.

Étape 5 : Ajustements en Cours de Route

1. **Surveillance des Tendances** : Continuez à utiliser AirDNA pour surveiller les tendances du marché. Adaptez vos stratégies de tarification et de gestion en fonction des nouvelles données.

2. **Optimisation Continue** : L'analyse continue des données vous permettra d'optimiser constamment vos rendements en adaptant votre stratégie aux fluctuations du marché.

En résumé, AirDNA est un outil essentiel pour la recherche et l'analyse de biens en vue de leur mise en location sur Airbnb. Grâce à ses données précieuses, vous pouvez prendre des décisions informées, ajuster vos tarifs, anticiper les fluctuations saisonnières et maximiser la rentabilité de vos investissements immobiliers locatifs.

Gestion des Coûts d'Achat et de Rénovation pour Optimiser la Rentabilité

La gestion des coûts d'achat et de rénovation est un élément crucial pour maximiser la rentabilité de vos investissements immobiliers locatifs sur Airbnb. Ce chapitre explore en détail les stratégies et les meilleures pratiques pour gérer efficacement les coûts tout en créant des biens attrayants pour les voyageurs.

Évaluation Préalable des Coûts

1. **Étude de Marché** : Avant d'acheter un bien, effectuez une étude de marché pour obtenir une idée précise des prix des biens similaires dans la région.

2. **Inspection Professionnelle** : Faites inspecter le bien par un professionnel pour identifier les problèmes structurels, les réparations nécessaires et les améliorations potentielles.

3. **Budget Prévisionnel** : Établissez un budget réaliste pour les coûts d'achat, de rénovation, de meubles et d'accessoires, ainsi que pour les coûts d'exploitation à long terme.

Priorisation des Réparations et des Améliorations

1. **Réparations Essentielles** : Priorisez les réparations essentielles pour garantir la sécurité et la fonctionnalité du bien, comme les systèmes électriques, la plomberie et la toiture.

2. **Améliorations à Fort Impact** : Concentrez-vous sur les améliorations qui auront un impact significatif sur l'expérience des voyageurs, comme la qualité du matelas, la décoration et les équipements.

3. **Rentabilité Potentielle** : Évaluez les coûts d'améliorations en fonction de leur potentiel de rendement. Certaines améliorations peuvent justifier un investissement plus important si elles augmentent les taux d'occupation et les tarifs.

Gestion de la Rénovation

1. **Planification Rigoureuse** : Établissez un calendrier réaliste pour la rénovation en tenant compte des délais de livraison des matériaux et de la main-d'œuvre.

2. **Gestion des Entrepreneurs** : Si vous engagez des entrepreneurs, assurez-vous de superviser le travail, de maintenir une communication ouverte et de surveiller les coûts.

3. **Contrôle des Coûts** : Soyez vigilant pour éviter les dépassements de budget. Comparez les devis, recherchez des alternatives abordables et évitez les changements de conception majeurs en cours de route.

Stratégies de Meubles et d'Accessoires

1. **Meubles Fonctionnels** : Optez pour des meubles fonctionnels et durables qui résisteront à une utilisation régulière.

2. **Décoration Équilibrée** : Créez une décoration qui correspond à l'esthétique de la région tout en restant attrayante pour un large public.

3. **Économie Créative** : Recherchez des solutions abordables pour meubler et décorer le bien, comme l'achat de meubles d'occasion ou la personnalisation de pièces existantes.

Gestion à Long Terme

1. **Entretien Régulier** : Planifiez un entretien régulier pour éviter les coûts de réparation majeurs à l'avenir.

2. **Renouvellement** : Prévoyez des fonds pour renouveler les éléments soumis à l'usure, tels que les draps, les serviettes et les ustensiles de cuisine.

3. **Innovation Continue** : Restez à l'affût des nouvelles tendances en matière d'aménagement et de décoration pour garder votre bien compétitif sur le marché.

Cette partie a souligné l'importance de gérer efficacement les coûts d'achat et de rénovation pour optimiser la rentabilité de vos investissements immobiliers locatifs sur Airbnb. En appliquant des stratégies de budgétisation prudente, de priorisation des améliorations et de gestion minutieuse des travaux, vous pouvez créer des biens attrayants, fonctionnels et rentables pour les voyageurs tout en minimisant les dépenses inutiles. La prochaine étape sera d'appliquer ces stratégies dans la pratique pour créer des biens de haute qualité qui se démarqueront sur la plateforme Airbnb.

Chapitre 3 : Aménagement et design intérieur

Importance de la Mise en Valeur Visuelle pour Attirer les Voyageurs

Dans l'environnement compétitif de la location sur Airbnb, la mise en valeur visuelle de votre bien est essentielle pour attirer l'attention des voyageurs. Ce chapitre explore en détail l'importance de la mise en valeur visuelle, des photographies aux descriptions, pour créer une première impression positive et convaincante.

<u>Le Pouvoir des Photographies</u>

1. **Première Impression** : Les photographies sont souvent la première chose que les voyageurs voient. Des images de haute qualité et attrayantes peuvent susciter leur intérêt et les inciter à en savoir plus sur votre bien.

2. **Capturer l'Atmosphère** : Les photographies doivent capturer l'ambiance et l'atmosphère de votre bien. Utilisez un éclairage naturel, des angles flatteurs et des prises de vue qui mettent en valeur les caractéristiques uniques.

3. **Montrer l'Espace** : Incluez des photographies de toutes les pièces et espaces importants, en mettant l'accent sur les zones où les voyageurs passeront le plus de temps.

Création de Descriptions Accrocheuses

1. **Titre Convaincant** : Le titre de votre annonce doit être court mais accrocheur. Mettez en avant les caractéristiques uniques de votre bien, comme "Appartement en plein cœur du centre-ville avec vue panoramique."

2. **Description Détaillée** : Rédigez une description détaillée de votre bien en mettant en évidence ses caractéristiques, ses équipements et ses avantages. Utilisez des mots évocateurs pour peindre une image vivante.

3. **Création d'Émotions** : Utilisez des mots qui évoquent des émotions positives et des expériences uniques que les voyageurs pourraient vivre en séjournant dans votre bien.

Influence des Évaluations et des Commentaires

1. **Impact des Avis** : Les évaluations et les commentaires sont une validation sociale de la qualité de votre bien. Des avis positifs peuvent renforcer la confiance des voyageurs potentiels.

2. **Encouragement à l'Interaction** : Encouragez les voyageurs à laisser des avis en offrant un excellent service et en communiquant efficacement avec eux pendant leur séjour.

Incorporation d'Éléments de Design

1. **Décoration Équilibrée** : Créez une décoration attrayante et équilibrée qui met en valeur les points forts de votre bien tout en offrant une esthétique accueillante.

2. **Couleurs et Éclairages** : Choisissez des couleurs et des éclairages qui créent une ambiance chaleureuse et confortable. Utilisez des rideaux et des éclairages pour réguler l'intensité lumineuse.

3. **Disposition Intuitive** : Assurez-vous que la disposition des meubles et des équipements facilite la circulation et met en valeur les caractéristiques de l'espace.

Création d'une Cohérence Visuelle

1. **Thème Visuel** : Choisissez un thème visuel qui s'harmonise avec l'atmosphère locale et les caractéristiques de votre bien. Assurez-vous que tous les éléments visuels sont cohérents.

2. **Uniformité dans les Images** : Utilisez des filtres et des styles similaires pour toutes les photographies afin de créer une uniformité visuelle qui renforce la cohérence de votre annonce.

Ce chapitre a souligné l'importance cruciale de la mise en valeur visuelle pour attirer les voyageurs sur Airbnb. Des photographies de haute qualité, des descriptions accrocheuses, des avis positifs et une décoration soignée peuvent tous contribuer à créer une première impression positive et mémorable pour les voyageurs potentiels. En investissant du temps et des efforts dans la présentation visuelle de votre bien, vous augmenterez vos chances d'attirer l'attention et de convaincre les voyageurs de choisir votre location sur Airbnb.

Conseils pour Aménager et Décorer l'Espace en Fonction des Attentes des Locataires Airbnb

L'aménagement et la décoration de votre espace jouent un rôle essentiel dans l'expérience des locataires sur Airbnb. Ce chapitre explore en détail les conseils pour créer un environnement accueillant, fonctionnel et esthétique qui répond aux attentes des voyageurs et les incite à choisir votre bien.

Création d'un Espace Accueillant

1. **Entrée Invitante** : Créez une entrée accueillante avec un tapis propre, des porte-manteaux et peut-être un message de bienvenue.

2. Éclairage Chaleureux : Optez pour un éclairage doux et chaleureux qui crée une atmosphère confortable, à l'aide de lampes de table, de suspensions et de guirlandes lumineuses.

3. Fourniture de Confort : Offrez des oreillers moelleux, des couvertures douillettes et des tapis confortables pour que les locataires se sentent chez eux.

Optimisation de l'Utilisation de l'Espace

1. **Disposition Pratique** : Organisez les meubles de manière à maximiser l'espace tout en facilitant la circulation. Utilisez des meubles modulables si possible.

2. **Rangement Intelligent** : Intégrez des solutions de rangement astucieuses, comme des étagères flottantes, des paniers ou des meubles avec des tiroirs intégrés.

3. **Utilisation de Zones Multiples** : Si l'espace le permet, créez des zones multifonctionnelles, comme un coin bureau ou un coin lecture.

Création d'une Esthétique Cohérente

1. **Palette de Couleurs Harmonieuse** : Choisissez une palette de couleurs cohérente pour créer une ambiance harmonieuse dans tout l'espace.

2. **Éléments de Design Cohérents** : Assurez-vous que les éléments de design, tels que les textures, les matériaux et les motifs, se marient bien et créent une esthétique globale.

3. **Évocation Locale** : Intégrez des éléments de design qui reflètent l'esthétique locale, qu'il s'agisse de l'architecture, de l'artisanat ou des couleurs de la région.

Fourniture d'Équipements Pratiques

1. **Cuisine Bien Équipée** : Offrez une cuisine équipée avec des appareils de base, des ustensiles de cuisine et de la vaisselle pour que les voyageurs puissent cuisiner s'ils le souhaitent.

2. **Espaces de Rangement** : Fournissez des espaces de rangement dans la cuisine, la salle de bains et les chambres pour que les locataires puissent stocker leurs affaires.

3. **Équipements de Confort** : Proposez des équipements tels que la climatisation, le chauffage, la télévision et le Wi-Fi pour répondre aux besoins de base des voyageurs.

Personnalisation Subtile

1. **Art et Décoration Locale** : Utilisez de l'art et des éléments décoratifs locaux pour ajouter une touche d'authenticité à l'espace.

2. **Témoignages de Bienvenue** : Laissez un message de bienvenue personnalisé ou une note avec des recommandations locales pour créer

une connexion personnelle.

3. **Flexibilité et Adaptabilité** : Créez un espace qui peut être adapté aux besoins et aux préférences des voyageurs, qu'il s'agisse de travailler, de se détendre ou de socialiser.

Ce chapitre a souligné l'importance de l'aménagement et de la décoration de l'espace pour répondre aux attentes des locataires Airbnb. En suivant ces conseils, vous pouvez créer un environnement accueillant, fonctionnel et esthétique qui non seulement attirera les voyageurs, mais aussi les incitera à revenir et à laisser des avis positifs. L'harmonie entre l'esthétique, la fonctionnalité et le confort contribuera à créer une expérience mémorable pour les locataires et à maximiser la rentabilité de vos investissements locatifs sur Airbnb.

Utilisation de Photographies de Haute Qualité pour Stimuler les Réservations

Les photographies sont un outil puissant pour capturer l'attention des voyageurs potentiels sur Airbnb. Ce chapitre se concentre sur l'importance des photographies de haute qualité dans la promotion de votre bien, ainsi que sur les stratégies et les conseils pour créer des images convaincantes qui inciteront les voyageurs à réserver votre location.

L'Impact des Photographies sur les Réservations

1. **La Première Impression Compte** : Les voyageurs évaluent souvent la qualité d'une location en fonction de ses photographies. Des images attrayantes créent une première impression positive.

2. **Visualisation de l'Expérience** : Les photographies permettent aux voyageurs de visualiser l'expérience qu'ils auront lors de leur séjour. Des images bien prises peuvent susciter des émotions et des attentes positives.

3. **Différenciation** : Des photographies de haute qualité vous aident à vous démarquer dans un marché compétitif, attirant l'attention des voyageurs parmi de nombreuses annonces.

Stratégies pour Créer des Photographies Convaincantes

1. **Lumière Naturelle** : Utilisez la lumière naturelle autant que possible. Des photographies bien éclairées donnent une sensation d'espace et de convivialité.

2. **Angles Favorables** : Expérimentez avec différents angles pour mettre en valeur les caractéristiques uniques de votre bien. Privilégiez les angles qui montrent l'espace dans son ensemble.

3. **Mise en Scène Soignée** : Préparez l'espace en retirant tout ce qui

semble désordonné ou encombrant. Ajoutez des touches décoratives pour créer une atmosphère accueillante.

4. **Focalisation sur les Détails** : Capturez les détails qui comptent, comme des équipements modernes, des œuvres d'art locales et des éléments architecturaux distinctifs.

5. **Variété d'Images** : Incluez une variété d'images pour montrer différentes parties de votre bien, y compris les espaces de vie, la cuisine, les chambres et les espaces extérieurs.

Équipement et Techniques

1. **Appareil Photo de Qualité** : Utilisez un appareil photo de haute qualité pour obtenir des images nettes et détaillées. Les smartphones modernes avec de bonnes caméras peuvent également fonctionner.

2. **Trépied** : Utilisez un trépied pour éviter les flous et garantir des images nettes, en particulier dans des conditions de faible luminosité.

3. **Éditing** : Utilisez des outils d'édition pour améliorer la luminosité, le contraste et la saturation des images. Mais évitez de trop retoucher pour maintenir la fidélité visuelle.

Incorporer une Histoire

1. **Créer un Récit Visuel** : Racontez une histoire à travers vos photographies en montrant comment les voyageurs pourraient vivre leur expérience dans votre bien.

2. **Capturez l'Environnement** : Si possible, incluez des images de l'environnement extérieur, montrant des attractions locales, des vues panoramiques ou des commodités à proximité.

3. **Ajouter des Détails Humains** : Ajoutez des touches humaines, comme une tasse de café sur une table, pour créer une connexion émotionnelle avec les voyageurs.

Gestion et Actualisation des Photographies

1. **Mise à Jour Régulière** : Actualisez vos photographies régulièrement pour refléter avec précision l'état actuel de votre bien et de ses équipements.

2. **Réponses aux Commentaires** : Si vous recevez des commentaires concernant des éléments manquants dans vos photographies, prenez-en note et ajoutez ces éléments si nécessaire.

Ce chapitre a mis en lumière l'importance capitale des photographies de haute qualité pour stimuler les réservations sur Airbnb. En suivant les stratégies et les conseils mentionnés, vous pouvez capturer l'essence de votre bien de manière attrayante et persuasive. Les photographies convaincantes ne seulement attirent l'attention des voyageurs potentiels, mais elles les incitent également à réserver votre bien en créant une connexion émotionnelle avec l'expérience qu'ils pourraient vivre lors de leur séjour.

Chapitre 4 : Tarification et stratégies

Méthodes de Tarification Dynamique pour Maximiser les Revenus

La tarification est un élément clé de la rentabilité de votre investissement locatif sur Airbnb. Ce chapitre se penche sur les méthodes de tarification dynamique, une approche stratégique qui vous permet d'ajuster les tarifs en fonction des saisons, des événements locaux et de la demande. En utilisant ces techniques, vous pouvez maximiser vos revenus tout en répondant aux attentes changeantes des voyageurs.

<u>Compréhension de la Tarification Dynamique</u>

1. **Adaptation à la Demande** : La tarification dynamique implique d'ajuster les tarifs en fonction de la demande en temps réel, permettant de maximiser les revenus pendant les périodes de forte demande.

2. **Saisonnalité et Événements** : La tarification varie en fonction des saisons touristiques, des événements locaux et des vacances, où la demande peut augmenter considérablement.

3. **Optimisation du Rendement** : L'objectif de la tarification dynamique est de trouver l'équilibre entre la maximisation des revenus et la compétitivité sur le marché.

Stratégies de Tarification Dynamique

1. **Analyse des Tendances Passées** : Examinez les données passées pour identifier les schémas de demande pendant les saisons hautes et basses.

2. **Identification des Événements Locaux** : Gardez une liste des événements locaux, des festivals et des conférences qui pourraient attirer des voyageurs dans votre région.

3. **Utilisation d'Outils de Tarification Automatique** : Des outils comme Beyond Pricing, PriceLabs, Wheelhouse, etc., utilisent des algorithmes pour ajuster automatiquement les tarifs en fonction de la demande.

Création d'une Stratégie de Tarification

1. **Tarifs de Base et Tarifs de Pointe** : Déterminez vos tarifs de base pour les périodes de demande normale. Ensuite, établissez des tarifs de pointe pour les périodes de haute demande.

2. **Facteurs Influenceurs** : Identifiez les facteurs qui influencent la demande, comme la météo, les vacances scolaires, les jours fériés et les événements spéciaux.

3. **Flexibilité** : Soyez prêt à ajuster vos tarifs en fonction des nouvelles informations, des réservations et de la rétroaction des voyageurs.

Communication de la Stratégie de Tarification

1. **Transparence** : Soyez transparent avec les voyageurs en expliquant la raison des tarifs plus élevés pendant les périodes de pointe.

2. **Anticipation** : Communiquez à l'avance les tarifs de pointe pour les événements spéciaux ou les périodes de haute demande, permettant aux voyageurs de planifier en conséquence.

Surveillance et Ajustements Réguliers

1. **Surveillance en Temps Réel** : Gardez un œil sur les réservations entrantes et la concurrence pour vous assurer que vos tarifs restent compétitifs.

2. **Analyse des Résultats** : Évaluez régulièrement les résultats de votre stratégie de tarification pour identifier ce qui fonctionne et ce qui peut être amélioré.

La tarification dynamique est une stratégie puissante pour maximiser les revenus de votre investissement locatif sur Airbnb. En ajustant intelligemment les tarifs en fonction des saisons, des événements locaux et de la demande, vous pouvez optimiser la rentabilité de votre bien tout en offrant des prix compétitifs aux voyageurs. En suivant ces méthodes, vous serez en mesure de répondre efficacement aux fluctuations du marché et de garantir que votre bien reste attractif et rentable tout au long de l'année.

Utilisation d'Outils et de Logiciels pour Ajuster Automatiquement les Prix

L'automatisation joue un rôle crucial dans la tarification dynamique pour maximiser les revenus de votre investissement locatif sur Airbnb. Ce chapitre se penche sur l'utilisation d'outils et de logiciels spécialement conçus pour ajuster automatiquement les prix en fonction des tendances du marché, des saisons et de la demande.

Les Avantages de l'Automatisation de la Tarification

1. **Efficacité** : Les outils automatisés peuvent ajuster les tarifs en temps réel, ce qui élimine la nécessité de surveiller manuellement les tendances et de mettre à jour les tarifs.

2. **Précision** : Les algorithmes avancés prennnent en compte une multitude de variables pour déterminer le prix optimal, ce qui conduit à des tarifs plus précis.

3. **Réactivité** : Les logiciels automatisés peuvent répondre instantanément aux changements de la demande, ce qui vous permet de capturer les réservations opportunes.

Utilisation d'Outils et de Logiciels de Tarification

1. **Beyond Pricing** : Ce logiciel utilise des données de marché en temps réel pour ajuster les tarifs en fonction de la demande et de la concurrence.

2. **PriceLabs** : Il intègre des algorithmes pour analyser les tendances passées et actuelles, et ajuster automatiquement les tarifs en fonction de la demande prévue.

3. **Wheelhouse** : Cet outil prend en compte divers facteurs, y compris la saisonnalité et les événements locaux, pour proposer des tarifs optimisés.

Configuration et Paramétrage

1. **Paramètres Personnalisés** : Configurez les paramètres en fonction de votre bien, de votre marché et de vos préférences. Choisissez la flexibilité de la tarification, les périodes de pointe, etc.

2. **Intégration de Données** : Intégrez des sources de données externes, telles que les événements locaux et les tendances touristiques,

pour affiner les prédictions.

3. **Mise en Place des Tarifs** : Définissez les tarifs de base et les tarifs de pointe pour chaque période, puis laissez le logiciel ajuster automatiquement.

Surveillance et Ajustements Réguliers

1. **Surveillance Active** : Même avec l'automatisation, gardez un œil sur les tarifs proposés pour vous assurer qu'ils correspondent toujours à vos objectifs.

2. **Analyse des Résultats** : Examinez les performances de votre bien et les taux d'occupation pour évaluer l'efficacité de la tarification automatisée.

Communication avec les Voyageurs

1. **Transparence** : Si vous utilisez des outils de tarification automatisée, communiquez clairement aux voyageurs que vos tarifs sont ajustés en fonction de la demande.

2. **Flexibilité** : Restez flexible pour répondre aux voyageurs qui pourraient avoir des questions sur la tarification pendant les périodes de pointe.

L'utilisation d'outils et de logiciels pour ajuster automatiquement les prix est une stratégie intelligente pour maximiser les revenus de votre investissement locatif sur Airbnb. En confiant la tarification à des algorithmes sophistiqués, vous pouvez économiser du temps et de l'effort tout en optimisant vos revenus. En intégrant ces outils dans votre stratégie globale de tarification, vous pouvez profiter des avantages de l'automatisation pour rester compétitif sur le marché et répondre efficacement aux fluctuations de la demande.

Utilisation de PriceLabs dans l'Optimisation Tarifaire

PriceLabs est un outil puissant conçu pour aider les propriétaires d'Airbnb à optimiser leurs tarifs en utilisant des données en temps réel et des algorithmes avancés. Ce chapitre explore en détail comment utiliser PriceLabs pour ajuster automatiquement vos tarifs en fonction de la demande, des saisons et des événements locaux, afin de maximiser les revenus de votre investissement locatif.

Comprendre PriceLabs

1. **Fonctionnement** : PriceLabs collecte et analyse les données du marché, les réservations passées et les événements locaux pour prédire la demande future et ajuster les tarifs en conséquence.

2. **Personnalisation** : PriceLabs vous permet de personnaliser vos paramètres en fonction de vos préférences et des caractéristiques de votre bien.

3. **Automatisation** : Une fois configuré, PriceLabs ajustera automatiquement les tarifs de votre annonce en fonction des données qu'il recueille.

Configuration Initiale

1. **Inscription et Connexion** : Créez un compte sur le site web de PriceLabs et connectez-le à votre annonce Airbnb.

2. **Paramètres de Base** : Définissez vos tarifs de base, les marges de sécurité, les restrictions de séjour minimum et maximum, ainsi que les tarifs de pointe.

3. **Paramètres de Personnalisation** : Configurez les spécificités de votre bien, comme les chambres, les équipements et les préférences de réservation.

Analyse des Données et des Tendances

1. **Collecte de Données** : PriceLabs recueille des données en temps réel sur la demande, la concurrence et les événements locaux.

2. **Prédictions de la Demande** : L'outil utilise des algorithmes pour prédire les moments de haute et de basse demande, ainsi que les périodes de tarification de pointe.

3. **Réactions aux Tendances** : En fonction des données recueillies, PriceLabs ajustera automatiquement les tarifs pour refléter la demande prévue.

Gestion des Tarifs de Pointe

1. **Identification des Périodes de Pointe** : Utilisez les données de PriceLabs pour identifier les périodes de haute demande, comme les événements spéciaux ou les saisons touristiques.

2. **Paramètres de Tarifs de Pointe** : Configurez des tarifs de pointe plus élevés pour ces périodes, tout en restant compétitif sur le marché.

3. **Ajustements en Temps Réel** : PriceLabs ajustera automatiquement les tarifs en fonction des réservations entrantes et des changements dans les tendances du marché.

Surveillance et Optimisation Continue

1. **Analyse des Performances** : Surveillez régulièrement les performances de votre bien à l'aide des rapports et des analyses de PriceLabs.

2. **Réglages et Ajustements** : Si nécessaire, ajustez les paramètres de PriceLabs en fonction des résultats que vous observez.

3. **Communication avec les Voyageurs** : Soyez transparent avec les voyageurs en expliquant que vos tarifs varient en fonction de la demande.

PriceLabs offre une solution puissante pour optimiser vos tarifs Airbnb et maximiser vos revenus. En utilisant cet outil, vous pouvez tirer parti des données en temps réel et des algorithmes avancés pour ajuster automatiquement vos tarifs en fonction de la demande, des saisons et des événements locaux. En intégrant PriceLabs dans votre stratégie de tarification, vous pouvez économiser du temps tout en garantissant que vos tarifs restent compétitifs et adaptés aux fluctuations du marché.

Gestion des Tarifs pour Favoriser la Réservation à l'Avance et Éviter la Sous-Occupation

La gestion des tarifs joue un rôle crucial dans la réservation à l'avance et la prévention de la sous-occupation de votre bien sur Airbnb. Ce chapitre explore comment ajuster vos tarifs de manière stratégique pour encourager les réservations anticipées tout en évitant les périodes de faible occupation.

Avantages de la Réservation à l'Avance

1. **Planification** : Les réservations anticipées vous permettent de

mieux planifier et d'anticiper la demande pour des périodes spécifiques.

2. **Stabilité des Revenus** : Les réservations à l'avance garantissent des revenus plus stables et vous aident à atteindre vos objectifs financiers.

3. **Réduction du Stress** : Une occupation prévue à l'avance réduit le stress lié à la gestion de dernière minute.

Stratégies pour Favoriser la Réservation à l'Avance

1. **Tarifs de Réservation Anticipée** : Offrez des tarifs réduits pour les réservations effectuées plusieurs mois à l'avance, incitant ainsi les voyageurs à planifier tôt.

2. **Flexibilité Réduite** : Pour les tarifs de réservation anticipée, appliquez des conditions d'annulation plus strictes pour encourager l'engagement.

3. **Communiquer les Avantages** : Mettez en évidence les avantages de la réservation anticipée dans votre annonce, comme la disponibilité de certaines dates ou des tarifs plus bas.

Prévention de la Sous-Occupation

1. **Utilisation de Tarifs Flexibles** : Pour les périodes de faible

demande, adoptez une tarification flexible pour attirer les voyageurs à la recherche de bonnes affaires.

2. **Tarifs de Dernière Minute** : Proposez des tarifs de dernière minute pour encourager les réservations de voyageurs spontanés ou ceux en déplacement d'affaires.

3. **Analyse des Tendances** : Utilisez les données historiques et les tendances du marché pour identifier les périodes de faible occupation et ajustez les tarifs en conséquence.

Équilibrer la Demande et l'Offre

1. **Événements Spéciaux** : Augmentez légèrement les tarifs pendant les événements spéciaux ou les festivals locaux pour tirer parti de la demande accrue.

2. **Saisonnalité** : Ajustez les tarifs en fonction des saisons touristiques et des conditions météorologiques pour attirer les voyageurs appropriés.

3. **Surveillance Active** : Surveillez constamment les taux d'occupation et les réservations entrantes pour apporter des ajustements en temps réel.

Communication avec les Voyageurs

1. **Transparence** : Soyez transparent avec les voyageurs concernant vos stratégies de tarification pour éviter les malentendus.

2. **Expliquer les Avantages** : Expliquez les avantages de réserver à l'avance, tels que la disponibilité garantie et les tarifs réduits.

La gestion des tarifs est une compétence essentielle pour maintenir une occupation optimale et maximiser les revenus de votre bien sur Airbnb. En utilisant des stratégies intelligentes pour favoriser les réservations à l'avance tout en évitant la sous-occupation, vous pouvez maintenir un équilibre entre la demande et l'offre. En surveillant les tendances, en ajustant les tarifs en conséquence et en communiquant efficacement avec les voyageurs, vous pouvez créer un calendrier de réservation bien équilibré qui optimise vos revenus tout au long de l'année.

Chapitre 5 : Expérience client exceptionnelle

Création d'une Expérience Mémorable dès l'Arrivée des Voyageurs

La création d'une expérience mémorable dès l'arrivée des voyageurs est essentielle pour obtenir des avis positifs, fidéliser les clients et maximiser la rentabilité de votre investissement locatif sur Airbnb. Ce chapitre explore en détail comment offrir un accueil chaleureux, des équipements de qualité et des petites attentions pour garantir une expérience exceptionnelle dès le début.

<u>Accueil Chaleureux et Communication Précoce</u>

1. **Instructions Claires** : Envoyez aux voyageurs des instructions détaillées sur la manière de trouver votre bien, d'entrer et de s'installer.

2. **Message de Bienvenue** : Laissez un message de bienvenue personnalisé pour montrer votre appréciation et pour donner aux voyageurs un sentiment d'appartenance.

3. **Réactivité** : Répondez rapidement aux questions ou aux préoccupations des voyageurs avant et pendant leur séjour.

Propreté et Confort

1. **Normes Élevées de Propreté** : Assurez-vous que votre bien est impeccablement propre à l'arrivée des voyageurs, avec des draps frais et des espaces nettoyés.

2. **Literie de Qualité** : Offrez une literie confortable et de haute qualité pour garantir un bon sommeil aux voyageurs.

3. **Fournitures de Base** : Fournissez des articles essentiels tels que des serviettes, du savon, du shampooing et du papier toilette pour un séjour sans tracas.

Petites Attentions et Équipements

1. **Panier de Bienvenue** : Créez un petit panier d'accueil avec des collations, des boissons et des informations locales pour aider les voyageurs à se sentir les bienvenus.

2. **Guide Local** : Proposez un guide local avec des recommandations pour les restaurants, les attractions et les commodités à proximité.

3. **Équipements Pratiques** : Fournissez des équipements pratiques tels que des adaptateurs de prise, des chargeurs, des parapluies, etc.

Personnalisation et Flexibilité

1. **Adaptation aux Besoins** : Soyez flexible en ce qui concerne les heures d'arrivée et de départ pour accommoder les voyageurs.

2. **Éléments Personnalisés** : Ajoutez des touches personnelles à la décoration, comme des œuvres d'art locales ou des éléments qui reflètent la région.

3. **Suivi** : Envoyez un message après l'arrivée pour vous assurer que les voyageurs sont satisfaits et pour offrir votre aide si nécessaire.

Collecte de Rétroaction et Amélioration Continue

1. **Encourager les Avis** : Encouragez les voyageurs à laisser des avis en créant une expérience mémorable qui incite à laisser des commentaires positifs.

2. **Analyse des Avis** : Lisez les avis et les commentaires des voyageurs pour identifier les points forts et les domaines à améliorer.

3. **Mises à Jour Régulières** : Utilisez les retours des voyageurs pour apporter des améliorations continues à votre bien et à l'expérience globale.

La création d'une expérience mémorable dès l'arrivée des voyageurs peut avoir un impact significatif sur le succès de votre investissement locatif sur Airbnb. En offrant un accueil chaleureux, des équipements de qualité et des petites attentions personnalisées, vous pouvez non seulement attirer davantage de réservations, mais aussi fidéliser les clients et obtenir des avis positifs qui renforceront votre réputation en tant qu'hôte de premier plan.

Offrir des Services Supplémentaires pour une Expérience Exceptionnelle

Offrir des services supplémentaires aux voyageurs peut non seulement améliorer leur expérience, mais aussi vous permettre de vous démarquer en tant qu'hôte attentionné et de maximiser les revenus de votre investissement locatif sur Airbnb. Ce chapitre explore comment proposer des guides locaux, des recommandations d'activités et d'autres services pour créer une expérience exceptionnelle pour vos invités.

Créer des Guides Locaux et des Recommandations

1. **Exploration Locale** : Élaborez un guide détaillé des attractions, des restaurants, des boutiques et des activités à proximité de votre bien.

2. **Événements Locaux** : Tenez à jour une liste des événements locaux tels que les festivals, les marchés et les concerts, et partagez-la

avec les voyageurs.

3. **Expériences Uniques** : Mettez en évidence des expériences uniques que seuls les locaux connaissent, comme des randonnées hors des sentiers battus ou des endroits secrets.

Services de Conciergerie Personnalisés

1. **Assistance Personnalisée** : Offrez de l'aide aux voyageurs pour la réservation de restaurants, de billets d'attractions ou pour organiser des visites guidées.

2. **Services de Transport** : Proposez des informations sur les options de transport local, les locations de vélos ou les services de covoiturage.

3. **Organisation d'Événements** : Aidez les voyageurs à planifier des événements spéciaux tels que des anniversaires, des mariages ou des escapades en famille.

Expériences Culinaires et Artisanales

1. **Cours de Cuisine** : Organisez des cours de cuisine locale pour permettre aux voyageurs de découvrir la culture culinaire de la région.

2. **Dégustations de Produits Locaux** : Proposez des dégustations de

vins, de fromages ou d'autres produits locaux pour une immersion authentique.

3. **Artisanat Local** : Collaborez avec des artisans locaux pour offrir des ateliers de création d'art ou d'artisanat.

Services de Bien-Être et de Détente

1. **Massages et Soins Spa** : Organisez des services de massage ou des soins spa dans votre bien pour offrir un moment de détente aux voyageurs.

2. **Séances de Yoga ou de Méditation** : Proposez des séances de yoga ou de méditation pour aider les voyageurs à se détendre et à se ressourcer.

3. **Paniers de Produits Bien-Être** : Offrez des paniers avec des produits bien-être tels que des huiles essentielles, des bougies parfumées et des articles de relaxation.

Promotion et Communication des Services Supplémentaires

1. **Incorporer dans la Description** : Mentionnez les services supplémentaires dans la description de votre annonce pour attirer l'attention des voyageurs.

2. **Communication Précoce** : Communiquez avec les voyageurs avant leur arrivée pour leur donner un aperçu des services supplémentaires disponibles.

3. **Tarification Transparente** : Indiquez clairement les tarifs associés aux services supplémentaires pour éviter toute confusion.

Offrir des services supplémentaires est une façon puissante de créer une expérience exceptionnelle pour les voyageurs et de vous distinguer en tant qu'hôte attentif et attentionné sur Airbnb. En proposant des guides locaux, des recommandations d'activités et d'autres services personnalisés, vous pouvez non seulement améliorer la satisfaction des voyageurs, mais également augmenter vos revenus en ajoutant de la valeur à votre bien. En adaptant ces services en fonction de la destination et des intérêts des voyageurs, vous pouvez créer une expérience unique et mémorable qui incitera les clients à revenir et à recommander votre bien à d'autres.

Gestion des Commentaires et des Évaluations pour une Réputation Positive

La gestion des commentaires et des évaluations sur Airbnb est essentielle pour maintenir une réputation positive en tant qu'hôte et attirer davantage de voyageurs. Ce chapitre explore comment gérer efficacement les avis, répondre aux commentaires et maintenir une réputation solide pour maximiser la rentabilité de votre investissement locatif.

Importance des Commentaires et des Évaluations

1. **Confiance des Voyageurs** : Les voyageurs se fient aux avis des autres pour prendre leur décision de réservation.

2. **Références Futures** : Une réputation positive peut vous aider à attirer des voyageurs réguliers et à augmenter votre taux d'occupation.

3. **Différenciation** : Des avis positifs peuvent vous démarquer des autres annonces similaires dans votre région.

Répondre aux Commentaires

1. **Réactivité** : Répondez rapidement aux avis, positifs comme négatifs, pour montrer votre engagement envers la satisfaction des voyageurs.

2. **Empathie** : Exprimez de l'empathie envers les préoccupations ou les problèmes soulevés par les voyageurs.

3. **Solutions Constructives** : Proposez des solutions constructives pour les problèmes évoqués dans les avis négatifs.

Gérer les Avis Négatifs

1. **Prendre le Recul** : Ne prenez pas les avis négatifs personnellement, mais utilisez-les comme une opportunité d'amélioration.

2. **Réponse Calme et Respectueuse** : Répondez avec calme et professionnalisme, en évitant les échanges négatifs en ligne.

3. **Offrir des Solutions** : Proposez des solutions ou des remboursements si cela est justifié pour corriger la situation.

Promouvoir les Avis Positifs

1. **Encouragement** : Encouragez les voyageurs à laisser des avis en leur rappelant que leurs commentaires sont importants pour vous.

2. **Rendre l'Expérience Mémorable** : Offrez une expérience exceptionnelle pour inciter les voyageurs à laisser des avis positifs.

3. **Follow-Up** : Envoyez un message de remerciement après le séjour pour rappeler aux voyageurs de laisser un avis.

Analyse des Commentaires pour l'Amélioration Continue

1. **Analyse des Tendances** : Identifiez les tendances et les problèmes récurrents à partir des avis pour apporter des améliorations.

2. **Réajustements** : Utilisez les commentaires pour apporter des ajustements à votre bien, à vos services et à vos interactions avec les voyageurs.

3. **Évolution des Services** : Utilisez les avis pour évoluer et ajouter de nouvelles fonctionnalités ou services en fonction des besoins des voyageurs.

Réputation à Long Terme

1. **Consistance** : Maintenez une attitude professionnelle et une approche de service à long terme pour construire une réputation solide.

2. **Engagement Continu** : Restez engagé envers l'amélioration continue, en utilisant les commentaires pour affiner constamment votre offre.

3. **Évoluer avec les Retours** : Utilisez les avis pour évoluer et adapter votre approche pour répondre aux besoins changeants des voyageurs.

La gestion des commentaires et des évaluations est un élément essentiel pour maintenir une réputation positive en tant qu'hôte sur Airbnb. En répondant avec professionnalisme et en utilisant les commentaires comme un outil d'amélioration continue, vous pouvez créer une expérience exceptionnelle pour les voyageurs et encourager des avis positifs. Une réputation solide peut non seulement vous aider à attirer plus de voyageurs, mais aussi à fidéliser les clients et à maximiser la rentabilité de votre investissement locatif.

Chapitre 6 : Optimisation des opérations de gestion

Automatisation des Tâches Opérationnelles pour Gagner du Temps et Réduire vos Efforts

L'automatisation des tâches opérationnelles est un moyen puissant de simplifier la gestion de votre investissement locatif sur Airbnb, tout en maximisant l'efficacité et en réduisant les efforts. Ce chapitre explore comment utiliser des outils et des solutions pour automatiser les tâches courantes, vous permettant de consacrer plus de temps à des activités stratégiques et à l'amélioration de l'expérience globale.

Les Avantages de l'Automatisation

1. **Gain de Temps** : L'automatisation permet de libérer du temps précieux en éliminant la nécessité d'effectuer manuellement certaines tâches.

2. **Réduction des Erreurs** : Les outils automatisés minimisent les erreurs humaines et garantissent une exécution précise des tâches.

3. **Efficacité Améliorée** : Les processus automatisés sont souvent plus rapides et plus efficaces que les méthodes manuelles.

Automatisation des Réservations et de la Communication

1. **Gestion des Réservations** : Utilisez des outils de gestion des réservations pour centraliser et suivre les réservations entrantes.

2. **Messages Préprogrammés** : Créez des modèles de messages préprogrammés pour répondre automatiquement aux demandes de renseignements et aux réservations.

3. **Rappels Automatiques** : Configurez des rappels automatiques pour les voyageurs avant leur arrivée, fournissant des informations essentielles.

Automatisation de la Tarification

1. **Outils de Tarification Automatique** : Utilisez des outils tels que PriceLabs pour ajuster automatiquement les tarifs en fonction de la demande.

2. **Stratégies de Tarification** : Programmez des stratégies de tarification pour les réservations anticipées, les périodes de pointe et les saisons.

3. **Réactions en Temps Réel** : Laissez les outils ajuster automatiquement les tarifs en réponse aux réservations entrantes et aux tendances du marché.

Automatisation des Rappels et des Avis

1. **Rappels Automatiques** : Configurez des rappels automatiques pour demander aux voyageurs de laisser des avis après leur départ.

2. **Gestion des Avis** : Utilisez des outils pour surveiller les nouveaux avis et recevoir des notifications pour y répondre rapidement.

3. **Collecte de Rétroaction** : Automatisez l'envoi de questionnaires de satisfaction pour recueillir des commentaires et des suggestions.

Automatisation des Tâches Ménagères et de Maintenance

1. **Planification des Nettoyages** : Utilisez des plateformes pour planifier automatiquement les nettoyages entre les séjours.

2. **Entretien Préventif** : Mettez en place un calendrier d'entretien automatique pour garantir que votre bien reste en bon état.

3. **Signalement des Problèmes** : Proposez aux voyageurs un moyen automatisé de signaler les problèmes pour une résolution rapide.

Personnalisation et Surveillance Active

1. **Surveillance des Automatisations** : Surveillez régulièrement les processus automatisés pour vous assurer qu'ils fonctionnent correctement.

2. **Adaptation aux Besoins** : Personnalisez vos automatisations en fonction de votre bien, de votre marché et de vos préférences.

3. **Flexibilité** : Soyez prêt à ajuster vos automatisations en fonction des changements dans vos opérations.

L'automatisation des tâches opérationnelles est une stratégie puissante pour simplifier la gestion de votre investissement locatif sur Airbnb. En utilisant des outils et des solutions automatisés, vous pouvez gagner du temps, réduire les efforts et améliorer l'efficacité globale de vos opérations. Cela vous permet de vous concentrer sur des activités plus stratégiques, d'offrir une meilleure expérience aux voyageurs et de maximiser la rentabilité de votre bien.

Automatisation du Check-in avec le Système Igloohome

L'automatisation du processus de check-in est essentielle pour offrir une expérience fluide et sans tracas aux voyageurs. Le système

Igloohome est une solution innovante qui permet d'automatiser le check-in en fournissant des codes d'accès temporaires aux voyageurs. Ce chapitre explore en détail comment utiliser le système Igloohome pour automatiser le processus de check-in et améliorer l'expérience globale des voyageurs.

Le Système Igloohome : Aperçu

1. **Fonctionnement** : Igloohome est un système de verrouillage intelligent qui permet aux hôtes de générer des codes d'accès temporaires pour les voyageurs.

2. **Flexibilité** : Les codes d'accès temporaires peuvent être générés pour une période spécifique, ce qui permet un accès sécurisé pendant la durée du séjour.

3. **Sécurité** : Le système Igloohome utilise des technologies de cryptage avancées pour garantir que les codes d'accès ne peuvent pas être piratés.

Avantages de l'Automatisation du Check-in avec Igloohome

1. **Accès 24/7** : Les voyageurs peuvent accéder au bien à tout moment, même en dehors des heures d'arrivée classiques.

2. **Flexibilité des Horaires** : Les voyageurs n'ont pas à coordonner

leur arrivée avec l'hôte, ce qui est particulièrement utile en cas d'arrivée tardive.

3. **Réduction des Efforts** : L'automatisation du check-in élimine la nécessité pour l'hôte de rencontrer les voyageurs en personne.

Configuration et Utilisation

1. **Installation du Verrou Intelligent** : Installez le verrou intelligent Igloohome sur la porte d'entrée de votre bien.

2. **Configuration de l'Application** : Téléchargez l'application Igloohome, créez un compte et connectez le verrou à votre smartphone.

3. **Génération des Codes d'Accès** : Utilisez l'application pour générer des codes d'accès temporaires et personnalisez les périodes de validité.

Communication avec les Voyageurs

1. **Instructions Claires** : Envoyez aux voyageurs des instructions détaillées sur la manière d'utiliser le système Igloohome pour le check-in.

2. **Assistance en Cas de Problème** : Fournissez un numéro de contact en cas de problème avec le système ou le check-in.

3. **Confirmation du Check-in** : Envoyez un message de bienvenue une fois que les voyageurs ont réussi le check-in.

Intégration avec les Réservations Airbnb

1. **Synchronisation** : Intégrez le système Igloohome avec votre annonce Airbnb pour générer automatiquement des codes d'accès pour les réservations.

2. **Mise à Jour des Codes** : L'application peut automatiquement mettre à jour les codes pour chaque nouvelle réservation.

3. **Gestion Centrale** : Utilisez le tableau de bord de l'application pour suivre les réservations et les codes d'accès générés.

Surveillance et Maintenance

1. **Surveillance Active** : Surveillez régulièrement le système pour vous assurer que les codes fonctionnent correctement.

2. **Mises à Jour du Logiciel** : Assurez-vous de maintenir le logiciel du verrou intelligent à jour pour garantir la sécurité et la fonctionnalité.

3. **Maintenance Régulière** : Effectuez des contrôles périodiques pour vous assurer que le verrou fonctionne correctement.

L'automatisation du check-in avec le système Igloohome offre une solution pratique et sécurisée pour offrir aux voyageurs une expérience de check-in fluide et sans stress. En utilisant cette technologie, vous pouvez permettre aux voyageurs d'accéder à votre bien à tout moment, améliorer la flexibilité des horaires d'arrivée et réduire les efforts nécessaires pour gérer le processus de check-in en personne. En intégrant le système Igloohome avec vos réservations Airbnb, vous pouvez automatiser le processus de manière transparente tout en offrant une expérience exceptionnelle à vos voyageurs.

Engagement de Services de Nettoyage Professionnels et de Maintenance pour Garantir la Satisfaction des Clients

L'engagement de services de nettoyage professionnels et de maintenance est essentiel pour offrir une expérience de qualité aux voyageurs et maintenir la réputation positive de votre investissement locatif sur Airbnb. Ce chapitre explore en détail comment choisir et collaborer avec des professionnels pour assurer la propreté, l'entretien et la satisfaction globale des clients.

L'Importance des Services de Nettoyage et de Maintenance

1. **Première Impression** : Une propreté impeccable dès l'arrivée des voyageurs crée une première impression positive.

2. **Confort des Voyageurs** : Les espaces propres et bien entretenus contribuent au confort et à la satisfaction des voyageurs.

3. **Réputation Positive** : Des avis positifs sur la propreté et l'état général de votre bien renforcent votre réputation en tant qu'hôte de confiance.

Engager des Services de Nettoyage Professionnels

1. **Recherche et Sélection** : Cherchez des entreprises de nettoyage réputées dans votre région et lisez les avis d'autres hôtes.

2. **Services Offerts** : Assurez-vous que l'entreprise offre un nettoyage en profondeur, le changement de draps et des services de qualité.

3. **Fréquence de Nettoyage** : Déterminez la fréquence du nettoyage en fonction de vos réservations et de la durée des séjours.

Collaboration et Communication avec les Prestataires

1. **Explication des Attentes** : Communiquez clairement vos attentes en matière de nettoyage et d'entretien à l'entreprise.

2. **Instructions Spécifiques** : Fournissez des instructions détaillées sur les tâches spécifiques à effectuer à chaque nettoyage.

3. **Flexibilité** : Soyez prêt à adapter les horaires et les tâches en fonction des besoins changeants.

Engagement de Services de Maintenance

1. **Professionnels Qualifiés** : Recherchez des professionnels qualifiés pour les tâches de maintenance, comme la plomberie ou l'électricité.

2. **Réparation Rapide** : Engagez des services de maintenance pour résoudre rapidement les problèmes signalés par les voyageurs.

3. **Entretien Préventif** : Planifiez des visites régulières pour vérifier l'état général du bien et anticiper d'éventuels problèmes.

Surveillance de la Qualité

1. **Vérification Visuelle** : Faites des vérifications visuelles après chaque nettoyage pour vous assurer que les normes sont respectées.

2. **Feedback Régulier** : Obtenez des retours des voyageurs sur la propreté et l'état du bien pour apporter des améliorations si nécessaire.

3. **Évaluation de la Performance** : Évaluez périodiquement la performance des prestataires pour assurer une qualité constante.

Coûts et Retours sur Investissement

1. **Budget** : Incluez les coûts de nettoyage et de maintenance dans votre budget global pour votre investissement locatif.

2. **Retours sur Investissement** : Considérez les coûts comme un investissement dans la satisfaction des clients et dans la réputation de votre bien.

3. **Comparaison des Fournisseurs** : Évaluez régulièrement les coûts et les performances des prestataires pour assurer une utilisation efficace de votre budget.

Engager des services de nettoyage professionnels et de maintenance contribue grandement à garantir la satisfaction des clients et à maintenir une réputation positive en tant qu'hôte Airbnb. En choisissant des partenaires fiables, en communiquant clairement vos attentes et en surveillant la qualité des services, vous pouvez offrir une expérience exceptionnelle aux voyageurs tout en assurant le bon état de votre bien. Ces investissements dans la propreté et l'entretien se traduiront par des avis positifs, des voyageurs satisfaits et une rentabilité durable pour votre investissement locatif.

Gestion des Réservations, des Calendriers et de la Communication avec les Locataires

La gestion efficace des réservations, des calendriers et de la communication avec les locataires est au cœur de la réussite de votre investissement locatif sur Airbnb. Ce chapitre explore comment organiser vos réservations, gérer vos calendriers avec précision et maintenir une communication fluide et proactive avec vos locataires pour offrir une expérience exceptionnelle.

Organisation des Réservations

1. **Centralisation** : Utilisez un outil de gestion des réservations pour regrouper toutes vos réservations et informations au même endroit.

2. **Détails Complets** : Veillez à ce que chaque réservation contienne toutes les informations nécessaires, y compris les dates, les coûts et les coordonnées des voyageurs.

3. **Suivi Rigoureux** : Assurez-vous que chaque réservation est correctement notée et mise à jour à chaque étape du processus.

Gestion Précise des Calendriers

1. **Mise à Jour en Temps Réel** : Maintenez vos calendriers à jour en temps réel pour éviter les conflits de réservation.

2. **Blocs de Temps** : Bloquez les dates où votre bien n'est pas disponible pour éviter les réservations indésirables.

3. **Synchronisation** : Synchronisez votre calendrier Airbnb avec d'autres plateformes pour éviter les surréservations (booking.fr ou Abritel.fr).

Communication avec les Locataires

1. **Réactivité** : Répondez rapidement aux demandes de renseignements et aux questions des voyageurs pour montrer votre engagement.

2. **Précision** : Fournissez des réponses précises aux questions sur votre bien, les équipements et les commodités locales.

3. **Ton Amical et Professionnel** : Maintenez un ton amical et professionnel dans vos communications pour établir une relation positive.

Messages Préprogrammés

1. **Modèles de Messages** : Créez des modèles de messages préprogrammés pour répondre rapidement aux questions courantes.

2. **Instructions de Check-in** : Fournissez des instructions détaillées pour le check-in, y compris les codes d'accès et les informations clés.

3. **Messages de Suivi** : Envoyez des messages de suivi pour demander comment se déroule le séjour et si les voyageurs ont besoin d'assistance.

Réponses aux Demandes Spéciales

1. **Flexibilité** : Soyez ouvert aux demandes spéciales des voyageurs, comme les horaires flexibles de check-in ou les besoins en équipements.

2. **Réponses Personnalisées** : Personnalisez vos réponses en fonction des demandes pour montrer que vous êtes à l'écoute.

3. **Gestion des Problèmes** : Répondez rapidement aux problèmes signalés par les voyageurs et proposez des solutions.

Utilisation d'Outils de Gestion

1. **Applications de Gestion** : Utilisez des applications de gestion des réservations pour suivre les dates, les revenus et les communications.

2. **Notifications** : Activez les notifications pour être averti des nouvelles réservations, des messages des voyageurs et des changements de calendrier.

3. **Synchronisation Automatique** : Utilisez des outils pour synchroniser automatiquement les réservations et les mises à jour du calendrier.

La gestion des réservations, des calendriers et de la communication avec les locataires est une partie vitale de la réussite de votre investissement locatif sur Airbnb. En organisant efficacement vos réservations, en maintenant des calendriers précis et en communiquant de manière proactive avec les locataires, vous pouvez offrir une expérience exceptionnelle qui attirera davantage de voyageurs et renforcera votre réputation en tant qu'hôte de qualité. En utilisant des outils de gestion et en adoptant des méthodes efficaces, vous pouvez maximiser la rentabilité de votre bien et garantir la satisfaction des voyageurs à chaque étape de leur séjour.

Chapitre 7 : Éviter les pièges et surmonter les défis

Identification des Problèmes Potentiels liés à la Location sur Airbnb et Conseils pour les Éviter

La location sur Airbnb offre de nombreux avantages, mais elle peut également présenter des défis et des problèmes potentiels. Ce chapitre explore les problèmes courants auxquels les hôtes pourraient être confrontés lors de la location sur Airbnb et fournit des conseils pour les éviter et les gérer efficacement.

Problèmes de Communication

1. **Mauvaise Communication** : Des erreurs de communication peuvent entraîner des malentendus avec les voyageurs.

Conseils : Soyez clair et précis dans vos messages, fournissez des instructions détaillées et soyez réactif aux questions.

2. **Absence de Réponses** : Ne pas répondre rapidement aux demandes des voyageurs peut nuire à la satisfaction des clients.

Conseils : Mettez en place des réponses préprogrammées pour les questions courantes et assurez-vous de répondre rapidement.

Problèmes de Propreté et d'Entretien

1. **Propreté Inadéquate** : Une propreté insatisfaisante peut entraîner des avis négatifs et des problèmes avec les voyageurs.

Conseils : Engagez des services de nettoyage professionnels et effectuez des contrôles réguliers pour garantir la propreté.

2. **Pannes et Problèmes Techniques** : Les pannes d'équipements peuvent causer des inconvénients aux voyageurs.

Conseils : Programmez un entretien régulier et soyez prêt à réagir rapidement en cas de problème.

Problèmes de Réservations et de Gestion des Calendriers

1. **Surréservation** : Une mauvaise gestion du calendrier peut entraîner des conflits de réservation.

Conseils : Utilisez des outils de gestion des calendriers pour synchroniser les réservations et mettez à jour le calendrier en temps réel.

2. **Annulations** : Les annulations de dernière minute peuvent laisser les voyageurs sans hébergement.

Conseils : Établissez une politique d'annulation claire et soyez transparent sur les conditions.

Problèmes Légaux et Réglementaires

1. **Non-Conformité Légale** : Ignorer les réglementations locales peut entraîner des amendes et des problèmes juridiques.

Conseils : Familiarisez-vous avec les réglementations locales et respectez les lois en vigueur.

2. **Litiges avec les Voisins** : Le bruit ou les comportements perturbateurs peuvent causer des problèmes avec les voisins.

Conseils : Établissez des règles strictes en matière de bruit et communiquez-les clairement aux voyageurs.

Problèmes de Réputation

1. **Avis Négatifs** : Des avis négatifs peuvent nuire à votre réputation en tant qu'hôte.

Conseils : Offrez une expérience exceptionnelle, soyez à l'écoute des préoccupations des voyageurs et répondez professionnellement aux avis négatifs.

2. **Manque de Professionnalisme** : Un manque de professionnalisme peut affecter la perception des voyageurs.

Conseils : Traitez chaque réservation avec sérieux, fournissez des informations précises et assurez-vous que les voyageurs se sentent bien accueillis.

En identifiant et en anticipant les problèmes potentiels liés à la location sur Airbnb, vous pouvez mettre en place des stratégies pour les éviter et les gérer efficacement. La communication proactive, la gestion de la propreté et de l'entretien, la conformité aux réglementations, la planification des réservations et la protection de votre réputation sont des éléments clés pour minimiser les problèmes et offrir une expérience positive et mémorable aux voyageurs. En adoptant une approche proactive et professionnelle, vous pouvez éviter la plupart des problèmes et maximiser la rentabilité de votre investissement locatif sur Airbnb.

Gestion des Annulations, des Conflits Potentiels avec les Voisins et d'Autres Situations Délicates

La gestion des annulations, des conflits avec les voisins et d'autres situations délicates peut être un défi pour les hôtes Airbnb. Ce chapitre explore comment aborder ces situations de manière proactive, professionnelle et empathique, afin de minimiser les impacts négatifs sur votre investissement locatif et sur l'expérience des voyageurs.

Gestion des Annulations

1. **Politique d'Annulation** : Établissez une politique d'annulation claire et transparente pour chaque réservation.

Conseils : Communiquez les conditions d'annulation dès le début et soyez prêt à appliquer la politique de manière cohérente.

2. **Réponses Rapides** : Réagissez rapidement aux demandes d'annulation pour minimiser les désagréments pour les voyageurs.

Conseils : Si possible, proposez des alternatives pour résoudre la situation, comme le changement de dates.

3. **Gestion des Remboursements** : Si un remboursement est nécessaire, traitez-le rapidement et professionnellement.

Conseils : Respectez la politique d'annulation et communiquez les détails du remboursement aux voyageurs.

Conflits avec les Voisins

1. **Communication Préventive** : Établissez des canaux de communication avec vos voisins pour anticiper et résoudre les problèmes.

Conseils : Informez les voisins de votre activité de location, fournissez des numéros de contact et établissez des attentes.

2. **Respect des Règles de Voisinage** : Veillez à ce que les voyageurs respectent les règles de voisinage en matière de bruit et de comportement.

Conseils : Incluez des règles strictes concernant le bruit dans le règlement intérieur de votre bien.

3. **Réaction Aux Plaintes** : Si un voisin se plaint, réagissez rapidement et traitez la situation avec respect.

Conseils : Communiquez avec le voisin pour comprendre ses préoccupations et prenez des mesures pour résoudre le problème.

Situations Délicates et Problèmes

1. **Litiges** : En cas de litige avec un voyageur, maintenez une communication professionnelle et cherchez des solutions équitables.

Conseils : Communiquez par écrit pour garder une trace des échanges et envisagez la médiation si nécessaire.

2. **Dommages** : En cas de dommages causés par des voyageurs, évaluez la situation de manière objective et communiquez les étapes à suivre.

Conseils : Demandez des preuves et envisagez de demander un dépôt de garantie pour couvrir de tels incidents.

3. **Conflits Internes** : Si plusieurs voyageurs partagent le même bien, anticipez les conflits potentiels et établissez des règles claires.

Conseils : Incluez des règles de comportement dans le règlement intérieur et encouragez la communication entre les voyageurs.

Empathie et Professionnalisme

1. **Restez Calme** : Dans toutes les situations délicates, gardez votre calme et traitez les problèmes de manière objective.

2. **Compréhension** : Soyez empathique envers les préoccupations des voyageurs ou des voisins, et faites preuve de compréhension.

3. **Solutions Pratiques** : Cherchez des solutions pratiques et équitables pour résoudre les conflits et les problèmes.

La gestion des annulations, des conflits avec les voisins et d'autres situations délicates nécessite une approche professionnelle, empathique et proactive. En anticipant les problèmes potentiels, en établissant des politiques claires et en communiquant efficacement, vous pouvez minimiser les impacts négatifs sur votre investissement locatif et maintenir une réputation positive en tant qu'hôte Airbnb. En traitant les situations délicates avec calme, compréhension et professionnalisme, vous pouvez résoudre les problèmes de manière satisfaisante pour toutes les parties impliquées et offrir une expérience positive et mémorable aux voyageurs.

Stratégies pour Faire Face aux Fluctuations de la Demande et aux Imprévus

Les fluctuations de la demande et les imprévus font partie intégrante de l'investissement locatif sur Airbnb. Ce chapitre explore des stratégies pour gérer efficacement les variations saisonnières, les événements imprévus et d'autres défis qui peuvent survenir, tout en maintenant une rentabilité stable et une satisfaction élevée des voyageurs.

Gestion des Fluctuations de la Demande

1. **Saisonnalité** : Identifiez les saisons de haute et de basse demande pour ajuster vos prix et vos offres en conséquence.

   Conseils : Augmentez les tarifs pendant les périodes de haute demande et offrez des réductions attractives pendant les périodes de basse demande.

2. **Événements Locaux** : Tenez compte des événements locaux tels que les festivals, les conférences et les vacances scolaires pour ajuster votre tarification.

   Conseils : Adaptez votre stratégie de tarification en fonction des événements qui attirent les voyageurs dans votre région.

3. **Longs Séjours** : Proposez des réductions pour les séjours prolongés afin d'attirer les voyageurs qui cherchent à rester plus longtemps.

   Conseils : Établissez des tarifs dégressifs pour les séjours d'une semaine ou plus.

Préparation aux Imprévus

1. **Fonds de Réserve** : Constituez un fonds de réserve pour faire face aux urgences et aux imprévus, tels que les réparations urgentes.

Conseils : Allouez une partie de vos revenus pour constituer ce fonds de réserve.

2. **Assurance AIRCOVER** : Airbnb inclus gratuitement la garantie AIRCOVER à chaque reservation effectuée sur la plate-forme. Cette garantie vous couvre lorsque vous constatez des détériorations occasionnées par les voyageurs.

Vous pouvez consulter les conditions sur le lien suivant :

https://www.airbnb.fr/help/article/3142

3. **Réseau de Professionnels** : Établissez des contacts avec des professionnels (plombiers, électriciens, etc.) pour réagir rapidement aux problèmes.

Conseils : Préparez une liste de contacts fiables que vous pouvez appeler en cas d'urgence.

Flexibilité et Adaptation

1. **Ajustement Constant** : Soyez prêt à ajuster vos stratégies en fonction des changements du marché et des besoins des voyageurs.

   Conseils : Surveillez régulièrement les tendances du marché et adaptez votre approche en conséquence.

2. **Offres Spéciales** : Proposez des offres spéciales pendant les périodes creuses pour attirer davantage de voyageurs.

   Conseils : Offrez des séjours à thème, des forfaits promotionnels ou des extras pour stimuler la demande.

3. **Diversification** : Si possible, diversifiez vos sources de revenus en proposant différents types de biens ou en utilisant d'autres plateformes de location.

   Conseils : Explorez d'autres options d'hébergement, comme les chambres privées, les appartements entiers ou les logements insolites.

Faire face aux fluctuations de la demande et aux imprévus est un aspect clé de la gestion d'un investissement locatif sur Airbnb. En anticipant les variations saisonnières, en se préparant aux situations imprévues et en restant flexible dans vos stratégies, vous pouvez maintenir une rentabilité stable et offrir une expérience de qualité aux voyageurs, quelle que soit la situation. En adoptant une approche proactive et adaptable, vous pouvez minimiser les perturbations et maximiser la satisfaction des clients tout au long de l'année.

Chapitre 8 : Évoluer et se démarquer

Exploration des Moyens d'Élargir Votre Portefeuille de Locations sur Airbnb

Une fois que vous avez établi une base solide avec votre investissement locatif sur Airbnb, vous pourriez envisager d'élargir votre portefeuille en ajoutant d'autres biens à louer. Ce chapitre explore les différentes stratégies et considérations pour étendre vos activités de location sur Airbnb et maximiser vos revenus.

Évaluation de Votre Situation Actuelle

1. **Analyse de la Rentabilité** : Évaluez la rentabilité de votre investissement actuel pour déterminer si vous êtes prêt à investir dans d'autres biens.

Conseils : Calculez les rendements potentiels, les coûts associés et comparez-les avec vos objectifs financiers.

2. **Capacité de Gestion** : Évaluez si vous avez la capacité de gérer efficacement plusieurs biens en même temps.

Conseils : Pesez le temps nécessaire pour gérer chaque bien et considérez si vous aurez besoin d'aide.

Stratégies pour Élargir Votre Portefeuille

1. Investir dans des Biens Similaires : Ajouter des biens similaires à votre portefeuille peut simplifier la gestion et optimiser vos ressources.

   Conseils : Recherchez des biens dans des emplacements similaires à celui que vous avez déjà réussi à louer.

2. Diversification : Diversifier en investissant dans différents types de biens (appartements, maisons, chambres privées) ou dans différents quartiers.

   Conseils : Explorez de nouveaux marchés pour attirer différents types de voyageurs.

3. Réinvestissement : Utilisez les bénéfices de vos investissements existants pour financer l'achat de nouveaux biens.

   Conseils : Assurez-vous que le nouvel investissement a un potentiel de rendement suffisant pour couvrir les coûts.

Recherche et Sélection de Nouveaux Biens

1. Étude de Marché : Effectuez une recherche approfondie pour identifier les zones avec une forte demande et un potentiel de croissance.

   Conseils : Analysez les prix de location, la concurrence et les tendances touristiques dans différentes régions.

2. **Diligence Raisonnable** : Évaluez chaque propriété potentiellement attractive en termes de rendement, d'emplacement et de potentiel d'attraction pour les voyageurs.

Conseils : Faites inspecter le bien par des professionnels et obtenez des informations sur l'histoire locative si possible.

3. **Financement** : Explorez les options de financement pour l'achat de nouveaux biens, y compris les prêts immobiliers et autres sources de capitaux.

Conseils : Évaluez les taux d'intérêt et les modalités de remboursement pour choisir le meilleur financement.

Gestion de Portefeuille

1. **Optimisation de la Gestion** : Si vous ajoutez plusieurs biens, envisagez d'utiliser des outils de gestion et des logiciels pour gérer efficacement les réservations et les communications.

Conseils : Automatisez autant que possible pour gagner du temps et réduire les erreurs.

2. **Externalisation** : Si la gestion devient trop complexe, envisagez de déléguer certaines tâches à des gestionnaires de biens ou à des entreprises de gestion.

Conseils : Recherchez des partenaires professionnels avec une solide réputation.

L'expansion de votre portefeuille de locations sur Airbnb peut être une étape passionnante pour maximiser vos revenus et votre succès en tant qu'investisseur immobilier. En évaluant soigneusement vos options, en utilisant des stratégies intelligentes et en veillant à la gestion efficace de vos biens, vous pouvez diversifier vos sources de revenus et offrir une expérience exceptionnelle à un plus grand nombre de voyageurs. Gardez à l'esprit que l'expansion nécessite une planification minutieuse et une attention continue à la qualité et à la performance de chaque bien que vous ajoutez à votre portefeuille.

Investissement dans des Propriétés Supplémentaires et Gestion de Plusieurs Annonces

L'investissement dans des propriétés supplémentaires peut être une stratégie lucrative pour étendre votre portefeuille de locations sur Airbnb. Cependant, la gestion de plusieurs annonces nécessite une approche organisée et efficace pour assurer la satisfaction des voyageurs et la rentabilité. Ce chapitre explore les étapes et les conseils pour investir dans de nouvelles propriétés et gérer avec succès plusieurs annonces sur Airbnb.

Évaluation Financière et Objectifs

1. **Analyse de Rentabilité** : Évaluez le potentiel de rendement de chaque nouvelle propriété en fonction de son prix d'achat, de ses coûts de maintenance et de ses revenus potentiels.

Conseils : Calculez les indicateurs financiers tels que le taux de rendement interne (TRI) et le cash-flow prévisionnel.

2. **Objectifs d'Investissement** : Définissez clairement vos objectifs d'investissement, qu'il s'agisse d'une appréciation du capital, de flux de trésorerie réguliers ou d'autres critères.

Conseils : Assurez-vous que chaque nouvelle propriété s'aligne sur vos objectifs globaux.

Recherche de Propriétés et Sélection

1. **Marché et Emplacement** : Identifiez les marchés avec une forte demande touristique et une croissance potentielle.

Conseils : Analysez les tendances du marché et choisissez des emplacements attrayants pour les voyageurs.

2. **Diversification** : Si possible, diversifiez vos investissements en optant pour des biens dans différents quartiers ou villes. Etendez vos investissments sur des biens atypiques (logements insolites, chambres partagées, Ecolodges,…)

Conseils : Évitez de concentrer tous vos biens dans une seule région pour minimiser les risques.

3. **État et Évaluation** : Faites inspecter la propriété par des professionnels pour évaluer l'état de la structure et des équipements.

Conseils : Obtenez des rapports d'inspection détaillés pour prendre des décisions éclairées.

Gestion de Plusieurs Annonces

1. **Utilisation d'Outils de Gestion** : Utilisez des outils et des logiciels de gestion pour centraliser les réservations, les communications et les calendriers.

Conseils : Utilisez des plateformes de gestion de locations ou des systèmes de gestion de propriétés pour simplifier le processus.

2. **Uniformité** : Maintenez une certaine uniformité dans la manière dont vous gérez vos annonces et traitez les voyageurs.

Conseils : Établissez des politiques cohérentes pour tous vos biens, telles que les règles d'annulation et les règles de la maison.

3. **Externalisation** : Si la gestion devient trop lourde, envisagez d'externaliser certaines tâches à des gestionnaires de biens ou à des équipes. Les services d'une conciergerie Airbnb peuvent être envisager mais attention aux frais cachés et les commissions de fonctionement (compris entre 15 et 27%).

Conseils : Travaillez avec des professionnels de confiance pour assurer la qualité de la gestion.

Communication et Service Client

1. **Communication Rapide** : Soyez réactif aux demandes des voyageurs et fournissez des réponses rapides et précises.

Conseils : Utilisez des réponses préenregistrées pour gagner du temps sans sacrifier la qualité.

2. **Service Client Exceptionnel** : Offrez une expérience client exceptionnelle en fournissant des informations utiles et en anticipant les besoins des voyageurs.

Conseils : Fournissez des guides locaux, des recommandations et répondez rapidement aux préoccupations.

3. **Gestion des Commentaires** : Traitez les commentaires et les évaluations avec sérieux et utilisez-les pour améliorer vos services.

Conseils : Répondez professionnellement aux commentaires, qu'ils soient positifs ou négatifs.

L'investissement dans des propriétés supplémentaires et la gestion de plusieurs annonces sur Airbnb peuvent vous permettre d'étendre vos revenus et votre présence sur le marché. En évaluant soigneusement chaque nouvelle propriété, en utilisant des outils de gestion, en maintenant des normes de qualité cohérentes et en fournissant un service client exceptionnel, vous pouvez maintenir la satisfaction des voyageurs et maximiser la rentabilité de votre portefeuille d'investissement locatif. Gardez à l'esprit que l'efficacité opérationnelle, la flexibilité et l'attention aux détails sont essentielles pour gérer avec succès plusieurs annonces sur Airbnb.

Utilisation de Stratégies de Marketing Avancées pour se Démarquer dans un Marché Concurrentiel

Dans un marché de location sur Airbnb de plus en plus compétitif, il est essentiel de mettre en œuvre des stratégies de marketing avancées pour attirer l'attention des voyageurs et se démarquer de la concurrence. Ce chapitre explore comment utiliser des techniques de marketing sophistiquées pour améliorer la visibilité de vos annonces, attirer des voyageurs de qualité et renforcer votre position sur le marché.

Optimisation des Annonces

1. **Rédaction Convaincante** : Créez des descriptions d'annonce captivantes, mettant en valeur les caractéristiques uniques de votre bien.

   Conseils : Utilisez des mots clés pertinents, ajoutez des détails spécifiques et montrez les avantages pour les voyageurs.

2. **Photos de Haute Qualité** : Utilisez des photographies professionnelles qui mettent en valeur les atouts de votre propriété.

   Conseils : Montrez chaque pièce sous son meilleur jour et incluez des images de l'emplacement et des commodités.

3. **Vidéos Virtuelles** : Créez des vidéos virtuelles de la propriété pour permettre aux voyageurs de mieux se projeter.

Conseils : Montrez chaque espace et expliquez les fonctionnalités de manière engageante.

Stratégies de Tarification Avancées

1. **Tarification Dynamique** : Utilisez des outils et des logiciels pour ajuster automatiquement vos tarifs en fonction de la demande.

Conseils : Analysez les données historiques et les tendances pour optimiser vos prix.

2. **Offres Spéciales** : Proposez des offres spéciales pour les réservations de dernière minute ou pour des séjours plus longs.

Conseils : Mettez en avant les économies potentielles pour encourager les voyageurs à réserver.

Marketing de Contenu

1. **Blog et Guides Locaux** : Créez un blog sur votre site Web où vous partagez des guides locaux, des recommandations d'activités et des informations utiles.

Conseils : Montrez que vous êtes un expert local et fournissez des informations uniques aux voyageurs.

2. **Utilisation des Réseaux Sociaux** : Utilisez les réseaux sociaux pour promouvoir votre propriété et partager du contenu intéressant.

Conseils : Partagez des photos, des vidéos et des histoires sur votre bien et votre région.

3. **E-mail Marketing** : Collectez les adresses e-mail des voyageurs et envoyez-leur des offres spéciales et des actualités.

Conseils : Créez des newsletters attrayantes avec des informations pertinentes pour les voyageurs.

Collaboration avec des Influenceurs

1. **Partenariats avec des Blogueurs** : Collaborez avec des blogueurs de voyage pour qu'ils promeuvent votre propriété.

Conseils : Choisissez des blogueurs dont l'audience est alignée avec votre marché cible.

2. **Collaborations sur les Réseaux Sociaux** : Partagez des publications croisées avec des influenceurs pertinents.

Conseils : Créez des partenariats mutuellement bénéfiques qui augmentent la visibilité.

Analyse des Données et Adaptation

1. **Analyse des Performances** : Surveillez régulièrement les

statistiques de vos annonces pour identifier ce qui fonctionne et ce qui peut être amélioré.

Conseils : Utilisez les données d'Airbnb et d'autres outils d'analyse pour prendre des décisions informées.

2. **A/B Testing** : Testez différentes stratégies de marketing pour voir quelles approches génèrent les meilleurs résultats.

Conseils : Expérimentez avec différentes descriptions, photos, prix et promotions.

Dans un marché de location sur Airbnb de plus en plus concurrentiel, l'utilisation de stratégies de marketing avancées est essentielle pour attirer des voyageurs, maximiser les réservations et renforcer votre présence sur la plateforme. En adoptant une approche créative, en utilisant des techniques de marketing sophistiquées et en surveillant les performances, vous pouvez vous démarquer dans un marché en constante évolution et offrir une expérience exceptionnelle aux voyageurs. La combinaison de techniques de marketing avancées avec un excellent service client et une gestion efficace vous aidera à réussir en tant qu'hôte Airbnb prospère.

Conclusion

Récapitulatif des principaux points abordés dans le livre.

Ce livre a abordé une multitude de sujets clés pour les investisseurs désirant optimiser leur rentabilité grâce à la location sur Airbnb. Dès le premier chapitre, il s'est concentré sur l'objectif de maximiser les rendements locatifs en tirant parti des opportunités offertes par la plateforme. Il a souligné l'importance croissante de la location sur Airbnb dans le secteur immobilier et a mis en lumière les avantages et les défis de cet investissement. Une analyse approfondie de la plateforme Airbnb a permis de comprendre son fonctionnement, son public cible et les tendances actuelles.

L'ouvrage a identifié les facteurs qui influencent la demande des voyageurs sur Airbnb, ainsi que les stratégies de sélection de biens immobiliers optimaux. Des méthodes pour gérer les coûts d'achat et de rénovation ont été dévoilées, tout en mettant en exergue l'importance de la mise en valeur visuelle pour attirer les voyageurs. La gestion des tarifs en fonction des saisons et des événements locaux, ainsi que l'utilisation d'outils et de logiciels pour ajuster automatiquement les prix, ont été détaillées pour optimiser les revenus.

Le livre a également couvert des aspects essentiels tels que la création d'une expérience mémorable pour les voyageurs, l'offre de services supplémentaires, la gestion des commentaires et des évaluations, l'automatisation des tâches opérationnelles, les réglementations en France concernant la location à courte durée, les impacts fiscaux et la gestion des problèmes potentiels. De plus, il a exploré la gestion des annulations, les conflits avec les voisins, la communication avec les locataires et la manière de gérer les imprévus.

Pour rester compétitif dans un marché saturé, le livre a suggéré des méthodes avancées de marketing, incluant l'optimisation des annonces, la tarification dynamique, le marketing de contenu, la collaboration avec des influenceurs et l'analyse des données pour s'adapter en permanence aux tendances changeantes. En résumé, ce livre a offert une ressource complète pour les investisseurs souhaitant non seulement maximiser la rentabilité de leurs investissements immobiliers locatifs sur Airbnb, mais aussi créer des expériences de voyage exceptionnelles et réussies pour leurs hôtes.

Mettre en pratique les conseils pour booster la rentabilité locative avec Airbnb.

Alors que vous refermez ce livre, une opportunité passionnante s'ouvre devant vous : celle de mettre en pratique les conseils et les connaissances que vous avez acquis pour véritablement booster votre rentabilité locative avec Airbnb. Les pages précédentes ont démystifié les aspects complexes de la location sur cette plateforme, offrant un aperçu complet des stratégies éprouvées et des meilleures pratiques à suivre. Il est désormais temps de transformer ces informations en actions tangibles.

L'encouragement à agir est le moteur de tout changement significatif. Les idées brillantes que vous avez découvertes ici ont le pouvoir de propulser votre investissement immobilier vers de nouveaux sommets de succès. Vous avez appris comment identifier les biens les plus rentables, comment gérer les coûts avec prudence, et comment créer des espaces attrayants pour les voyageurs. De plus, vous avez compris comment gérer les tarifs de manière stratégique pour maximiser vos revenus tout au long de l'année.

La mise en pratique de ces conseils peut sembler intimidante au départ, mais chaque grand voyage commence par un premier pas. Commencez par appliquer une ou deux stratégies à la fois et observez les résultats. Que vous soyez un nouvel investisseur ou un expert chevronné, la mise en œuvre de ces conseils vous aidera à optimiser la rentabilité de vos propriétés locatives sur Airbnb.

Rappelez-vous que l'expérience est la meilleure enseignante. Au fur et à mesure que vous appliquez ces idées dans la réalité, vous gagnerez en confiance et en compétence. N'ayez pas peur d'expérimenter et d'ajuster vos méthodes en fonction des résultats obtenus. Votre dévouement à améliorer vos pratiques vous rapprochera inévitablement de vos objectifs de rentabilité.

En fin de compte, ce livre vous encourage à embrasser une approche proactive et passionnée pour maximiser la rentabilité de vos investissements locatifs sur Airbnb. Chaque étape que vous franchissez dans cette direction est un pas vers le succès financier et l'accomplissement de vos objectifs. Alors, prenez ces connaissances fraîches, saisissez les opportunités qui se présentent et entrez dans une nouvelle ère de succès en tant qu'investisseur immobilier astucieux et rentable.

Perspective sur l'avenir de l'investissement immobilier locatif et de la location sur Airbnb.

En tant qu'investisseur averti, il est essentiel de garder un œil sur l'horizon et d'anticiper les tendances futures dans le secteur de l'investissement immobilier locatif et de la location sur Airbnb. L'avenir promet une évolution passionnante et des opportunités qui nécessitent une adaptation intelligente. Le potentiel de la location sur Airbnb est immense, alimenté par une demande croissante de voyages flexibles et d'expériences authentiques.

Les avancées technologiques continueront à jouer un rôle central. L'automatisation et l'intelligence artificielle permettront une gestion encore plus précise des tarifs, des réservations et des communications avec les voyageurs. De plus, la réalité virtuelle pourrait révolutionner la manière dont les voyageurs sélectionnent et réservent des propriétés en leur offrant une expérience immersive avant même leur arrivée.

L'attention portée à la durabilité et à l'écologie gagnera également en importance. Les voyageurs sont de plus en plus soucieux de leur impact environnemental, ce qui signifie que les propriétés éco-responsables et respectueuses de l'environnement pourraient devenir particulièrement attractives.

L'adaptation aux réglementations locales et aux évolutions fiscales restera un défi constant. Les gouvernements continueront à réglementer la location à courte durée, et les investisseurs devront être prêts à se conformer aux nouvelles normes et à ajuster leurs stratégies en conséquence.

En somme, l'avenir de l'investissement immobilier locatif et de la location sur Airbnb est dynamique et plein de promesses. Ceux qui sont prêts à suivre les tendances, à innover et à maintenir des normes élevées pour la satisfaction des voyageurs seront bien placés pour prospérer dans ce marché en constante évolution. L'engagement à rester informé, à s'adapter aux changements et à continuer à fournir une expérience exceptionnelle aux voyageurs sera la clé du succès à long terme.

Ressources complémentaires

Ressources en Ligne, Outils et Services

Pour continuer à développer vos compétences en matière d'investissement locatif sur Airbnb, il est essentiel d'avoir accès à des ressources en ligne, des outils et des services qui vous aideront à approfondir les sujets abordés dans ce livre. Cette ressource finale du livre offre une liste complète d'éléments qui vous permettront de rester à jour avec les dernières tendances, d'affiner vos compétences et d'améliorer vos résultats en tant qu'investisseur Airbnb.

Ressources en Ligne

1. **Blogs et Sites Web** : Parcourez des blogs comme "Airbnb Secrets" et "Renting Your Space" qui offrent des conseils approfondis sur la location sur Airbnb et l'investissement immobilier. Ces blogs proposent des analyses de marché, des études de cas inspirantes et des guides pratiques.

2. **Forums et Communautés en Ligne** : Rejoignez des forums populaires comme "BiggerPockets" et "Airbnb Community" où des investisseurs partagent leurs expériences et échangent des conseils précieux.

3. **Cours en Ligne et Webinaires** : Explorez des plateformes telles que Udemy, Coursera et LinkedIn Learning pour suivre des cours en ligne sur des sujets tels que la tarification dynamique, la gestion de propriétés et les stratégies de marketing pour Airbnb.

4. **Réglementation** : Le site gouvernemental vous indique la réglementation précise des meublés de tourisme en France selon votre situation. Il convient de consulter ce site pour apprécier les règles appliicables.

https://www.entreprises.gouv.fr/fr/tourisme/conseils-strategie/meubles-de-tourisme

Outils et Services

1. **Plateformes de Gestion de Locations** : Utilisez des plateformes telles que Guesty, Hostfully ou Your Porter pour gérer efficacement les réservations, les communications et les calendriers de vos propriétés.

2. **Outils d'Analyse de Marché** : Explorez AirDNA, un outil puissant qui fournit des données sur les prix de location, la demande des voyageurs et les tendances du marché pour vous aider à prendre des décisions éclairées.

3. **Logiciels de Tarification Dynamique** : Optez pour Beyond Pricing ou PriceLabs, des logiciels qui ajustent automatiquement vos tarifs en fonction de la demande du marché.

4. **Services de Nettoyage et de Maintenance** : Des plateformes comme Yoojob et Needhelp vous permettent de réserver des services de nettoyage professionnels et de maintenance pour garantir la satisfaction des voyageurs.

Services de Consultation et d'Expertise

1. **Experts en Fiscalité et en Réglementation** : Consultez des avocats spécialisés en droit immobilier pour vous assurer que vos opérations de location sont conformes aux réglementations locales et pour optimiser votre situation fiscale.

3. **Agences de Gestion de Propriétés** : Si vous préférez déléguer la gestion, envisagez des agences de gestion de propriétés comme "Luckey" ou "GuestReady" qui s'occupent de toutes les opérations, de la réservation à la maintenance.

Cette liste d'exemples de ressources en ligne, d'outils et de services est conçue pour vous aider à approfondir vos compétences en tant qu'investisseur Airbnb. En tirant parti de ces ressources, vous pouvez rester à la pointe des meilleures pratiques, améliorer votre rentabilité et offrir des expériences exceptionnelles aux voyageurs. La quête d'un apprentissage continu et d'une amélioration constante vous positionnera favorablement dans le monde compétitif de l'investissement locatif sur Airbnb.

Ce guide exhaustif, intitulé "Comment Booster Votre Rentabilité Locative avec Airbnb !", a parcouru un voyage passionnant à travers l'univers de l'investissement immobilier locatif sur la plateforme Airbnb. Des premières étapes de la compréhension des objectifs et des avantages, jusqu'aux stratégies avancées de gestion et de promotion, chaque chapitre a été conçu pour vous fournir les connaissances et les compétences nécessaires pour réussir dans ce domaine compétitif.

L'investissement locatif sur Airbnb n'est pas seulement une opportunité de rentabilité financière, mais également une chance de créer des expériences mémorables pour les voyageurs et de contribuer positivement à l'industrie du tourisme. En combinant les enseignements de ce guide avec votre détermination, votre créativité et votre engagement à offrir un service exceptionnel, vous êtes bien équipé pour prospérer en tant qu'investisseur avisé et hôte Airbnb de premier plan.

Chaque chapitre a mis en lumière des aspects essentiels, allant de la sélection de propriétés optimales à la gestion opérationnelle, en passant par les stratégies de tarification dynamique et la création d'expériences inoubliables. Ces connaissances constituent la base solide sur laquelle vous pouvez construire votre avenir en tant qu'investisseur immobilier réussi.

Cependant, rappelez-vous que l'apprentissage et l'amélioration sont un voyage continu. Les ressources en ligne, les outils, les services et les références mentionnés dans le guide vous aideront à continuer à perfectionner vos compétences, à suivre les tendances émergentes et à rester agile dans un marché en constante évolution.

Nous espérons sincèrement que ce guide vous a inspiré et a élargi votre perspective sur les opportunités offertes par l'investissement locatif sur Airbnb. Si vous êtes un débutant ambitieux, nous croyons fermement que les connaissances acquises dans ces pages vous guideront vers le succès et la prospérité. Alors, préparez-vous à explorer, à innover et à réaliser vos rêves d'investissement avec confiance et détermination.

Bon voyage vers un avenir lucratif et gratifiant en tant qu'investisseur immobilier sur Airbnb !

AVERTISSEMENT : Les informations et conseils fournis dans ce guide sur la rentabilité Airbnb en France sont basés sur des connaissances générales et des bonnes pratiques disponibles jusqu'à la date de publication. Ces informations visent à fournir des orientations générales et des suggestions pour les personnes intéressées par le marché d'Airbnb en France, mais ils ne doivent pas être considérés comme des conseils juridiques, financiers ou professionnels personnalisés. Les circonstances individuelles varient d'une personne à l'autre, et les stratégies qui fonctionnent pour certains peuvent ne pas convenir à d'autres. L'auteur et l'éditeur ne garantissent pas l'exactitude, l'exhaustivité ou la pertinence des informations fournies dans ce guide. Les lecteurs sont encouragés à consulter des professionnels qualifiés pour obtenir des conseils adaptés à leur situation spécifique. Toute action entreprise suite aux conseils donnés dans ce guide est entreprise à vos propres risques, et l'auteur et l'éditeur déclinent toute responsabilité pour toute perte ou dommage résultant de l'utilisation des informations fournies.

Printed in France by Amazon
Brétigny-sur-Orge, FR